图书在版编目（CIP）数据

景观．2013年．第1辑 ／ 北京市公园绿地协会编．－－ 北京：团结出版社，2013.3
 ISBN 978-7-5126-1641-7

Ⅰ．①景… Ⅱ．①北… Ⅲ．①景观－介绍－北京市 Ⅳ．①K928.7

中国版本图书馆CIP数据核字（2013）第023249号

PERSPECTIVE

总第三十七辑　2013 第一辑

主　　管	北京市公园管理中心
主　　办	北京市公园绿地协会
高级顾问	高占祥　郑易生　张启翔　俞孔坚　林榕年　谢凝高
法律顾问	杨　磊
题　　字	沈　鹏
名誉主编	郑秉军　郑西平
主　　编	张　勇
副 主 编	刘　英　张玉法　王忠海　强　健　杨　月　高大伟
	李炜民　孙旭光　阚　跃
编　　委	王鹏训　杨晓东　赵世伟　梁成才　高兴春　沙海江
	郝建国　张小龙　付建国　王金兰　吴兆铮　陈志强
	刘耀忠
执行主编	景长顺
执行副主编	尹俊杰
编辑部主任	姚天新
特约编辑	陶　鹰
编　　辑	朱　杰
编　　务	王　芳　崔雅芳
《景观》编辑部电话	（010）88412859
北京市公园绿地协会电话	（010）68731008
责任编辑	唐立馨
装帧设计	汪俊宇
出　　版	团结出版社
	（北京市东城区东皇城根南街84号　邮编：100006）
电　　话	（010）65228880　65244790（出版社）
	（010）65238766　85113874　65133603（发行部）
	（010）65133603（邮购）
网　　址	http://www.tjpress.com
E m a i l	65244790@163.com（出版社）
	fx65133603@163.com（发行部邮购）
经　　销	全国新华书店
印　　装	三河市东方印刷有限公司
开　　本	210×285mm　1/16
印　　张	5.75
字　　数	68千字
印　　数	4000册
版　　次	2013年3月　第1版
印　　次	2013年3月　第1次印刷
书　　号	978-7-5126-1641-7/K·836
定　　价	30.00元

（版权所属，盗版必究）

06	别有洞天
12	友贤山馆
17	什刹海
21	
27	
32	陶然亭
34	
37	
38	阅古楼
40	
44	五色土
48	
52	见心斋
56	
60	
64	方壶胜境
68	远瀛观
71	
92	回音壁
	四封摄影

《景观》杂志征稿启事

《景观》杂志由北京市公园绿地协会主办。本刊立足行业、面向社会，立足北京、面向全国，以宣传园林事业发展、园林文化景观、园林信息知识为宗旨；辟有围绕公园、风景名胜区事业发展的理论研究（五色土）、经验交流（远瀛观）、信息传播（玉带桥）、行业指导（什刹海）、社会反馈（回音壁）、景点介绍（万芳亭）等栏目，集知识性、趣味性、综合性于一体，图文并茂、内容丰富、质量上乘、品位高雅。

目录
CONTENTS

世界城市之魂	文\刘晓明　严利洁　图\姚天新
复兴雅乐　万依复出	文\玉振金声　图\朱杰
羊上房了	文\吉羊乐　图\叶明霞
暗夜公园	文\黄永明　图\黄勤
风景名胜区走向世界的故事	文\曹南燕
白莲池上当时月，今夜重圆 ——我和莲花池不得不说的故事	文\赵丽娜　图\黄勤
景观大道颂	文\景长顺
美丽的公园我的家	文\杨启舫
碧桐书院逸闻	文图\金鉴
小桥流水人家 ——京西韭园村与马致远故居	文图\张宝贵
梦中的园林 ——浅谈《红楼梦》中的造园艺术	文\朱杰　图\方丹
四世同堂说古树	文\赖娜娜
毛泽东在双清别墅与柳亚子谈诗论政	文\唐润
陶然亭命名之考究	文\王琳琳
慈禧祭祖	文图\贾福林
祈年殿瑞雪　皇帝出宫　柱影叠廊　北京欢迎您	摄影\董亚力
古刹探秘	文图\天穹
新版西游记	文\陶鹰　图\陶鹰　朱杰
2012年北京市园林绿化十件大事评选结果揭晓	编辑部

封一（北海白塔）、封二（圆明园）、封三（合唱）、封四（长廊）　摄影：姚天新

欢迎大家踊跃投稿、荐稿。我们期待将您的研究成果、真情实感、经验心得以及您亲眼所见、亲耳所闻的趣闻乐事通过《景观》与广大读者分享！来稿文体形式不限，照片、绘画作品均收，力求内容充实、文字精练，资料和数据正确可靠。一般稿件不超过3000字为宜（特约稿除外）。插图照片力求清晰优质。为便于联系，来稿请附上作者简介（包括姓名、工作单位、通讯地址、邮政编码、联系电话等）。

来稿文责自负，对于侵犯他人版权或其他权力的文稿、图片，本刊不承担连带责任；本刊对来搞有修改、删节权，如不同意此条款者，务请注明；稿件一经采用，优稿优酬，并奉送作者当期杂志2份；请勿一稿多投；文稿不退，请自留底稿。

《景观》编辑部通讯地址：
北京市海淀区中关村南大街35号（紫竹院公园西院）　邮政编码：100048
电话：88412859　68468617　传真：88412859　电子邮箱：jgbjb@vip.sina.com

巴黎凡尔赛宫

世界城市之魂

文\刘晓明　严利洁　图\姚天新

城市是人类文明累积和发展中的精华，而城市园林则是城市文明的精华所在。园林在城市发展进程中对城市生活改善和提高做出了历史性的贡献，无论是对城市环境还是人文生态等都有很大的影响。

北京有3000多年的建城史和800多年的建都史，这为北京留下了大量丰富和优秀的历史园林，包括皇家园林、私家园林和坛庙园林等，这些历史名园与北京城市的发展变迁密切相关。北京历史名园在塑造北京特有的城市风貌与弘扬中华传统文化方面具有不可替代的意义，是北京成为世界城市的重要基础与优势，对于北京建设世界城市具有不可估量的重大价值。

历史名园是国家历史文化的见证

历史名园是各国历史文化进程中积累而成的、独一无二的瑰宝，它不仅是各个城市的标志，也是世界城市历史文化最为鲜活的载体，是各个国家历史文化的见证。换句话，历史名园也是一部凝固的历史，保留有各国传统文化的精华，成为研究各国历史文化的重要载体之一。

伦敦的历史名园，如海德公园、肯辛顿公园等，体现了英国和伦敦的历史文化演变。在19世纪，由于英国的城市工业快速发展，市民的居住条件极差，居住区脏乱不堪，许多绿地变为城市建设用地。随后，英国进行了城市公共空间的改造和建设，伦敦的皇家园林相对完整地保留下来，并经过改建作为城市公共空间向公众开放，改善了城市环境、提高了大众的幸福指数。另外，这些历史名园深刻地影响了伦敦后来的城市用地规划和城市形态，并在保护城市生态和生物多样性方面发挥了独特的作用。伦敦历史名园见证了英国和伦敦的历史文化发展过程并使伦敦成为宜人居住的城市和动植物物种十分丰富的城市。

伦敦历史园林的代表是其8座皇家公园，分布在泰晤士河两岸。其中海德公园是英国最大的皇家公园，位于伦敦市中心地区，占地145公顷。海德公园历史悠久，1066年以前是威斯敏斯特教堂的一个大庄园。16世纪上半叶，亨利八世将这里作为狩猎场的一部分。18世纪末，这里同市区连成一片，被辟为公园。19世纪以来，伦敦市区扩展，原在伦敦西郊的海德公园逐渐成为市中心区域，成为居民喜爱的一个地方。公园里有著名的皇家驿道，道路两旁巨木参天，整条大道就像是一条绿色的"隧道"。夏天是海德公园最热闹的季节，"无座音乐会"经常在这里举行，每当音乐会举行时，海德公园就成了音乐的海洋。海德公园的东北角有一个大理石凯旋门，东南角有威灵顿拱门，有著名的"演讲者之角"，现在这里是人们举行各种政治集会和其他群众活动的场所。作为英国民主的历史象征，市民可在此演说任何有关国计民生的话题，这个传统一直延续到今。海德公园西边即为肯辛顿公园，它有一个蛇形湖泊，其旁的同名艺廊颇受欢迎。这些历史园林和活动解读着伦敦这座古老城市的历史，延续着城市的文脉。

纽约的历史园林在一定程度上体现了美国和纽约的历史演变。19世纪中叶，在新兴发达的曼哈顿另一面，拥挤、嘈杂的环境以及日益严重污染的空气，给人们心灵带来压抑。为了改善这个脏、乱、差的场地，纽约政府开始建造纽约中央公园。

建于1873年的纽约中央公园，是纽约最大的公园，占地340公顷，长4023米、宽804米，是一个南北走向的长方形。140多年来，它已深深地融入到纽约人的生活中，成为一块神圣不可侵犯的领地。它是这座城市中的宝贵绿洲，让人在城市生活中，体验山林的碧绿与清新。它为人们建立了一个室外休闲、娱乐、社交、健身、"看"与"被看"的场所。纽约中央公园体现了美国人民对自然的向往。中央公园的

⌘ 游人在纽约中央公园内休闲

修建符合纽约城市发展的需求，成为纽约市的大氧吧和重要水源地。在解决城市病的过程中，纽约的历史名园发挥了不可替代的作用。纽约中央公园虽然只有140余年历史，但它见证了美国城市发展和风景园林的探索和实践，承载了美国和纽约的地域文化特征、历史积淀和人文内涵。作为世界上第一个为公众设计的公园，它体现了美国以人为本的治国理念，也体现了人与自然互动的建园思想。

巴黎的历史园林，如卢森堡花园、枫丹白露宫和凡尔赛宫等，也体现了法国和巴黎的历史演变。法国很多历史事件与这些历史名园息

⌘ 伦敦海德公园

息相关，比如惨烈的宗教斗争就从统治者在枫丹白露宫宣布废除"南特赦令"开始。这些园林记录了法国历史，传承了法国文化。另外，在城市发展中，历史名园在巴黎最早的点、线、面绿地空间格局的形成过程中，起到了关键性的发展原点和景观节点的作用，对城市景观格局产生了重要影响，与巴黎城轴线的形成密切相关。这些历史名园承载了法国和巴黎的历史文化、艺术风格与人文思想，它们集西方园林的艺术精华于一身，成为历史文化的伟大结晶。

巴黎历史名园大多集中在巴黎的中轴线上。其中卢森堡花园现在是巴黎市内的一座大型公园，也是巴黎市民最喜爱的公园之一。大面积的草坪，配以宽阔的花带，色彩明快，对比强烈，带有明显的意大利佛罗伦萨风格，精致典雅，毫无乡村土气。卢森堡花园也是一座文化氛围十分浓厚的花园，虽多次改造，但至今仍维护管理完善，十分精美秀丽。而驰名世界的凡尔赛宫坐落在巴黎西南的凡尔赛镇，它是人类艺术宝库中一颗灿烂的明珠。凡尔赛宫建于路易十四时代，至今有近300年的历史，占地111公顷。作为巴黎历史文化标志的凡尔赛宫，虽然距离巴黎市区十余公里，但在位置关系上却联络着城市的历史文脉。巴黎的城市中轴线经过多次改造，都与历史园林息息相关，体现了历史园林在城市改造和保护中的重要作用。从艺术上讲，凡尔赛宫宏伟壮丽的外观和严格规则化的园林设计，是法国封建专制统治鼎盛时期文化上的古典主义思想所产生的结果，几百年来欧洲皇家园林几乎都遵循了它的设计思想。

东京的历史园林体现了日本和东京的历史演变，它承载了日本文明的转化与传承，见证了日本历史文化的发展过程。日本历史名园与日本特有的历史文化，如赏樱活动、禅宗沉思、朴素态度和与之相承的茶道艺术等息息相关，充分体现了日本人崇尚自然的情趣，向往宗教境界的人文追求。日本历史名园体现了一种静态美、文化美、纯朴美、诗意美，是理想美与现实美的结合。如今东京将历史名园与其他公园以及绿带系统形成打造一个体系，支撑整个东京及周边城市的绿地系统规划。

东京将大量的历史名园完善地保存下来，比如桂离宫、赤坂离宫、皇居东御苑、日比谷公园、上野公园等。其中桂离宫是日本皇家园林的代表作。它的风格自然淡雅，布局结合书院与茶室内涵，形成独有特色。园林以水池为中心进行设计，散置小岛、石桥、土桥、木桥、石灯笼及周围建筑，组成了闻名遐迩的日本古典园林。桂离宫庭园面积不到4公顷，空间场景看起来却似无穷之广阔。它常常被称为"难以置信的奢华"，并不是因为金雕银饰，而是它空间景观的丰富多变，庭园环境的宁静，它对自然的尊敬，以及它文学性的暗示实为世上罕见。赤坂离宫修建于20世纪初，是日本明治维新时代的产物，无论是建筑风格、式样或是功能，它都承载了一个东方国度向西方文明的转化。上野公园是日本的第一座公园，其声名不仅在于景色之秀美，更在于历史之古远与人文之深厚。1873年在建成上野公园之前，园内的很多建筑和景观就早已存在，公园所在地也已是江户一带久负盛名的游玩之地。上野公园是东京最大的公园，面积52.5公顷。在有"史迹和文化财物的宝库"之称的上野公园里，有宽永寺、德川家灵庙、东昭宫、清水堂、西乡隆盛铜像等古迹，这些江户和明治时代的建筑散落在苍松翠柏之中，与湖光山色十分相宜。上野公园见证了许多日本的历史事件。

历史名园是地域精神的体现

地域精神对城市的形成和发展具有深远的影响，而历史名园则是承载和传播地域精神的理想载体。历史名园传承了一个地域的文明脉络，沉淀了一个地域的文化，其总体风格也往往体现了当地地域特点与精神，因此历史名园是地域精神的一种体现。

人们谈到一些世界城市，都会想到这个城市与其他城市不同的地域精神，而这些精神大多是通过历史名园反映出来的。比如提到伦敦，就会想到那里的民主自由，人们可以看到，伦敦历史名园里时常举行各种政治集会和其他群众活动，这种文脉一直传承至今，这些都体现了伦敦人追求民主自由的精神。而纽约中央公园的亲民设计思想，让人们在拥挤的城市中，体验山林的碧绿与清新。那里纯净的水、草坪和树林，都体现了纽约人民的生态观、娱乐观以及追寻自然的思想感情，并且体现了纽约人在城市中追求一种平易近人的自然的态度。巴黎历史名园则体现了巴黎人尊重历史、尊重自然的态度，而历史名园中保留下来的艺术作品也体现了巴黎人民对艺术的挚爱和对精致生活的追求。同样，东京的历史名园体现了日本勇于接受外来文化，将其灵活运用到本土文化中，并将本土文化发扬光大的精神。

历史名园体现地域精神，主要表现在两个方面：一是宏伟华丽的建筑和园林景观得到了良好的维护，使其昔日的名园气派与文化氛围能够完整地再现，让游客能够切实感知到一个地域的文化与精神；二是历史名园的历史文化挖掘展示，给实景赋予了特有的文化意义，增强了景观的文化内涵，使游客可以在游览胜景中了解历史、感受丰厚的历史文化，同时感受一个地域的精神。可见，作为承载精神文明与物质文明的历史名园，越来越显示出其重要的、不可替代的作用，并以其独特的魅力昭示世人，传播着城市文明，体现着城市的精神。

历史名园是推动城市旅游经济发展的动力

历史名园既是艺术形态的社会精神财富，又是具有实用功能的社会物质财富。历史名园的经济价值可以体现在对城市旅游业的拉动作用上。美国《时代》周刊曾指出：2015年前后，发达国家将进入"休闲时代"，人们将会把生命中50%的时间用于休闲，而休闲、娱乐活动、旅游业将成为下一个经济大潮。根据美国有关部门的统计显示：美国人有1/3的时间休闲，有1/3的收入用于休闲，全国有1/3的土地面积用于休闲。在我国，城市居民的法定节假日全年已达到115天，城市居民每年有近1/3的时间可以用于休闲。历史名园作为享誉世界的休闲资源，已经成为城市发展旅游业的宝贵资源。以法国凡尔赛宫为例，每年都会接待上千万各国游客，产生了巨大的经济效益和社会效益。可见历史名园已经成为促进城市旅游业发展的"动力引擎"，不仅带动城市旅游经济的发展，而且带来可观的旅游收入。此外，历史名园中的山、水、植物等都具有巨大的生态价值，是改善和提高城市环境质量不可或缺的元素。比如伦敦的海德公园内有许多鸟类，市郊的一些历史名园则有大量散养的野鹿可以随意在园中散步。再如纽约的中央公园，是纽约面积最大的公共绿地，就像城市中心的绿肺，为整个城市带来勃勃生机和巨大的环境效益。可见历史园林在促进人与自然和谐方面发挥了重要的作用。

历史名园对于北京建设世界城市的影响力

北京拥有的历史名园资源之多、规模之大，是全世界城市中独一无二的，这是建设世界城市的重要资本。北京的历史名园体系塑造了北京城市特有的风貌和迷人的气质。北京城中的北海、中南海、景山、天坛、地坛、日坛、月坛等为城中的重要历史文化活动场所。与内城的历史名园遥相呼应的是外城的香山（静宜园）、玉泉山（静明园）、万寿山（清漪园）、畅春园、圆明园等三山五园，它们共同组成了北京的绿色护心干网，再加上西山寺庙园林，形成了一个绿色的网络，从西北拱围北京，同时也提供了赏心悦目的休闲游览场所。再加上南边的南苑行宫，西边的潭柘寺、戒台寺，北边的十三陵园林寝宫，以历史名园为骨干形成了从北、西、南三面围护北京城的护心网，也成为保护北京的重要生态屏障。历史名园作为北京历史文化的重要载体，展现出北京深厚的文化底蕴和内涵，由此形成了北京特有的城市布局方式和城市发展的特殊气质，也成为北京建设世界城市所具有的特殊的优势和强大的吸引力。

2009年，在中国历史名园保护与发展论坛上，住房和城乡建设部副部长仇保兴曾指出：历史名园是国家重点公园中的奇葩，是历史文化名城重要元素之一，它反映历史发展特定阶段的文化、艺术、科学等价值，是以往社会发展、城乡变迁以及人类思维形态的直观物证，代表着城市或地域的历史和尊严。中国古典园林从先秦时期初露端倪，就是为了满足古代帝王狩猎、娱乐的精神需求。随着历史文化的发展，园林也逐渐被赋予了居住、政治等其他职能，但"精神居住"的主旨却始终渗透其中。从一定意义上讲，中国古典园林也同诗、书、画、语言等一样，是一种精神产物和文化产物，从方方面面展现出中华民族的传统思想和文化。此外，中国古典园林还在一定程度上反映了中国人的宇宙观、人生观、艺术精神与性格，并由此体

颐和园

现在园林的风格、布局以及审美情趣上。而中国传统文化所包含的儒、释、道以及风水等哲学思想,对于这些建园因素起到了决定性的影响。比如理想的风水格局是"负阴抱阳,背山面水",颐和园的布局就很好地体现了这种思想,拓展昆明湖直抵万寿山东麓,开凿后溪河,并连接于前湖,利用挖湖土方堆筑于前山的东端以及后湖北岸,改造局部的山形,不仅创作出了天然山水的主要形态,即冈、峦、洞、湖、河、泉、涧、瀑等,而且遵循生态规律组合诸多自然成景要素,构成了具有序列的、完整的山形水系。

北京的历史名园是凝固了的中华优秀传统文化,是有生命力的文化遗产。这些历史名园的恢复、保护和发展,对于发扬中华民族的优秀传统文化有重要的意义。

如今,绿色、和谐、文化逐渐成为世界城市的追求目标。人民满意度和社会和谐度亦成为人们评价城市的主要指标。历史名园是这些指标与因素的重要承载体,是世界城市的灵魂所在。

(作者刘晓明系北京林业大学园林学院教授,作者严利洁系北京林业大学硕士研究生)

中和韶乐演出

复兴雅乐 万依复出

——访故宫博物院研究馆员万依

文/玉振金声　图/朱杰

在北京天坛神乐署凝禧殿的玄关屏风上，有这样一段文字："中和韶乐是明清两朝用于祭祀朝会宴飨的皇家音乐。据文献记载，三千年以前的周王朝就将有号称六代大乐的宫廷音乐称为雅乐。雅乐是以金石丝竹土木匏革八种材料制成的乐器演奏，和以律吕文并以五声八音迭奏玉振金声融礼乐歌舞为一体，表达对天神的歌颂与崇敬。自先秦至宋元雅乐历代相延不断，明朝建国之初把雅乐乐器加以改组并命名为中和韶乐。清朝沿用之中和韶乐是我国音乐文化宝库中一束独有的奇葩。"

对于业内人士来说，万依这个名字应该是早已有闻，因为一提到这个名字，人们自然会联想起北京故宫，联想起他在那座中国古代皇家禁地里几十年如一日埋首古建青灯下所做的一系列研究。

1925年出生于河北固安的万依，原籍山东，曾肄业于京华美术学院音乐系、西画系，1949年毕业于华北文法学院中文系。1978年万先生调到故宫博物院，主要从事明清宫廷史、清代宫廷音乐的研究，并发表了有关明清宫廷史、音乐史、书法研究等学术论文数十篇，出版了《阅古楼和三希堂法帖》、《故宫志》、《故宫词典》、《清代宫廷音乐》、《颐和园》、《清代宫廷史》等十多部著述，享受国务院颁发的政府特殊津贴。

随着1993年离休，作为故宫博物院研究员，

景观·友贤山馆

⌘ 万依先生

如今已届耄耋之年的万老似乎已渐渐淡出了人们的视野。然而，近年来，在北京天坛公园神乐署奏响的"中和韶乐"古代宫廷雅乐中，万依的名字再次闪现其中，万依的身影也时常出现在那片古代皇家祭祀之地。是什么机缘将这位故宫博物院的老一辈与古代皇家礼乐联系在了一起？为了解开这个谜题，《景观》记者敲开了万老位于北京城南的家门。

新茶飘着花香，西瓜清爽诱人。在万老的家中，记者细细品味着一位大家予人的宾至如归的温馨与放松。年近九旬的万老耳聪目明，格外谦恭。优雅的音乐旋律以恰到好处的声量环绕在客厅。沐浴在音符的溪流里，万老说音乐是他人生的深爱之一。这不禁让人联想，或许正是音乐这座桥梁，让万老实现了将古代宫廷史和古代音乐的研究无缝对接，相互促进。

的确如此。万老虽然并非搞音乐出身，但是在从事古代宫廷史研究过程中，出于对音乐天生的兴趣和爱好，他逐渐将研究的领域拓展到古代宫廷音乐的研究，并且于1981年12月在

凝禧殿内匾额"玉振金声"

《紫禁城》杂志上率先发表了《清代编钟与中和韶乐》。在这篇文章中，万老对"中和韶乐"和演奏"中和韶乐"的八音乐器做了初步的介绍，尤其对我国古代编钟的发展历史进行了独到的研究。

至于与天坛公园的缘分，万先生说自己是在上世纪70年代末的一天，偶然来到了天坛皇乾殿，看见了古代表演"中和韶乐"的部分八音乐器展览，非常感兴趣，此后，他便与天坛神乐署"中和韶乐"的挖掘与复兴结下了不解之缘。

正是基于万先生深厚的古代宫廷音乐文化功底，在近20年来天坛公园开展的"文化兴园"活动中，为了充分保护、利用和传承历史文化资源，在挖掘和展示神乐署的文化内涵工作中，天坛公园正式请来万老与音乐界诸位专家出谋划策，献智献力，为"中和韶乐"的复兴立下了汗马功劳。比如为2004年天坛神乐署重新布展提供了大量资料和数据，并且全程参与了天坛神乐署"中和韶乐"的非物质文化遗产申报工作。

为什么要协助天坛公园开展"中和韶乐"的挖掘和复兴工作呢？万先生认为，天坛的价值不仅仅在于其宝贵的古代建筑遗存，更在于她有着极其丰富的历史文化内涵。在她一组组雄伟壮观、精美绝伦的古建筑背后，深藏着天文律历、物理数学、礼仪制度、伦理道德、政治哲学以及音乐舞蹈等极其丰富的精神内涵与文化元素。产生于中华民族发展各个领域的精神文明与物质文明，在这里形成了深厚的积淀，神乐署的"中和韶乐"就是其中之一。

"中和韶乐"究竟是一种什么音乐？万先生介绍，"中和韶乐"是中国古代的宫廷雅乐，也是中国古代音乐的典范。雅乐是在中华民族原始乐舞的基础上开创的质朴、典雅、庄重的宫廷音乐，而"中和韶乐"继承了雅乐的质朴典雅的风格。"中和韶乐"是中华民族传承了几千年的雅乐，也是中华民族最古老的非物质文化遗存之一。许多文献资料和考古发现证实，雅乐最初源于远古先民的原始乐舞，表现了氏族部落图腾崇拜、祭祀典礼、农耕狩猎、部落战争、生息繁衍等社会生活，乐舞的形式传承了上古时期已经诞生的融歌舞乐为一体的音乐舞蹈表现形式。经过漫长的历史演变，随着周代礼乐制度的建立，雅乐逐渐成为中华礼乐文化的重要标志，自西周以后历朝历代，一直用于坛庙祭祀、朝会宴飨以及其他重大的国事活动。在中国古代，音乐也被赋予了政治的内涵，统治者信奉"治民莫善于礼，移风易俗莫善于乐"，即所谓"德音雅乐"，将音乐作为教化的工具，而且是教化的最高形式，提倡礼乐治国，用礼来区分等级，用乐来调和人与人之间的关系，以达到君臣和敬、长幼和顺、父子兄弟和亲的社会和谐的目的。到了明洪武年间，朱元璋将雅乐定名为"中和韶乐"，清王朝承袭了明朝的礼乐制度，亦正式将"中和韶乐"用于天坛大祀及朝会宴飨等典礼活动。

今天，我们对天坛"中和韶乐"这一雅乐文化的传承，究竟有什么现实意义和价值？对于这个问题，万先生认为："中和韶乐"作为中国古代音乐文化特有的一个门类，是礼与乐结合的产物，以其乐音纯正，舞姿庄重，受到了儒家学者和中国古代历朝统治者的推崇，被认为是最和谐完美、最符合儒家伦理道德的音乐，并被尊为"华夏正声"。雅乐以"中和韶乐"之名在明清两朝代代传承，在几千年封建历史进程中几乎没有中断，没有灭失，这在世界文化史上创造了一个独特的体系，也充分说明中华民族特有的礼乐文化具有强大的生命力。在中华民族发展史上，礼乐文化塑造了中华文明的形象，汇集了中华文明的丰富内涵，具有极高的文化价值，对亚洲社会文明的发展产生了重要的影响，也对世界文明的发展做出了伟大的贡献。明清"中和韶乐"的乐器、乐谱、歌词能够完整地保留至今，成为中国音乐发展史上的一段物证，成为中国音乐史的一批珍贵的物质和文献资料，为后人开展研究提供了可能性和可行性。

当然，作为宫廷音乐，毕竟是奴隶社会、封建社会产生和使用的文化，那个时代政治性的色彩必然要被历史进步所抛弃。但是，音乐本身的艺术性却不会消失。比如"中和韶乐"使用的多种材料制成、多种方式演奏的八音乐器，用以宫商角徵羽为基础的明亮和谐的五声、七声音阶，适合人声歌唱的中声音域与中华民族语言为一体的一字一音的节奏，都体现了数千年来中华民族的创造性的聪明才智，保存了数千年来中华民族对音乐艺术的开创和运用。作为全人类所必需的音乐文化艺术，都是中华民族珍贵的物质和非物质文化遗产。因此，拯救和传承"中和韶乐"这一中华雅乐的历史文化遗存，既是历史赋予我们的责任，也是我们传承中国优秀文化责无旁贷的使命。当然，在开展这项工作中，也不是一帆风顺的，遭遇了来自社会各个方面不够认同、不够支持的阻力。但是，如果我们今天站在"促进社会主义文化大发展、大繁荣"的高度重新审视雅乐这一历史文化现象时，就会发现它所独有的极其丰富的文化内涵，和它所反映出的中华民族特有的精神气质、思维方式、想象力、创造力，这些都是非常值得我们骄傲与珍惜的宝贵遗产，有必要加以保护和传承。加之，"中和韶乐"所具有的庄重典雅、平和肃穆、大气磅礴的特色，充分表现了中国传统音乐的刚健、庄严之美，将永远被传承和发展。另外，音乐世界应该是多元的，经典的音乐既可以跨越历史，也可以跨越国界，还可以跨越政见，与绘画、雕塑一样，是艺术之美的一种表达形式，满足人们的审美需求。而"中和韶乐"里的"中和"二字，也最能表达中国哲学里中庸、平和的哲理。因此，作为一个中国人，珍惜和保护自己国家的文化艺术瑰宝，体现的是爱国、创新、包容、厚德的精神。

在挖掘和复兴"中和韶乐"的过程中，为了使人们更好地理解古代雅乐文化，万老与其他专家协助天坛公园专门开设了古代皇家音乐展馆。在展室设置上，除了介绍神乐署历史沿革的内容之外，特意依照"中和韶乐"所恪守的雅乐八音乐器规制、融礼乐歌舞为一体的表现形式和文化内涵特征，分别开设了"中和韶乐"简介、钟磬展室、乐律展室、词曲展室、鼓展室、笛箫展室、琴瑟展室、埙展室、服饰展室等各种展室，使人们可以更直观地了解古代雅乐乐器"金、石、丝、竹、土、木、匏、革"的八音分类，更深刻地认识"中和韶乐"的深厚内涵。为了使人们能更形象地了解"中和韶乐"的艺术价值与无穷魅力，万老还支持天坛公园组建起"中和韶乐"乐团，根据天坛收藏的文物和历史文献资料，指导仿制了全部"中和韶乐"乐器，并把明清两代演练"中和韶乐"的凝禧殿辟为"中和韶乐"展演厅，使这里成为中国唯一的"中和韶乐"专用演出场所，为现代人打开了一扇通向古代音乐殿堂的大门。而乐团成员们边演出实践，边参加"中和韶乐"相关文化的研究和乐器的研制，极大地丰富了天坛文化的内容，并且填补了天坛非物质文化遗产音乐方面的空白。2009年，天坛公园又将万先生和黄海涛先生整理编辑的《海宇升平日》等8首清代宫廷音乐排练完成并搬上舞台。2008~2010年春节，在第四届、第五届、第六届天坛文化周期间，天坛公园在祈年殿连续举办大型祭天乐舞表演，组织百余名演员演出了文德舞、武功舞，所有舞蹈动作均按清代祭天舞谱设计，最大限度地再现了往昔"中和韶乐"礼乐表演的恢弘场面和历史原貌。

近年来，以天坛、颐和园为代表的皇家园林"从优秀文化遗产地向文化传播者转变"的任务已经写入北京市"十二五"规划和北京市公园管理中心的"十二五"规划，万先生说，这给"中和韶乐"的顺利复兴带来了无限的机遇。但是，如何抓住机遇，进一步做好"中和韶乐"的研究保护和永久传承，发挥"中和韶乐"的社会教化功能，扩大文化的交流和沟通，体现天坛文化在现代社会的作用，是值得大家继续努力的目标。他希望在今后天坛雅乐的挖掘和复兴中，不要局限于清朝和仅仅满足于复原乐曲，而应该进一步开拓创新，加大艺术成分，用更通俗的语言，使观众能够更好地理解音乐内涵，同时在表演时还应该加强辅助性介绍，增加互动内容，提高大众的知晓率。另外，万先生还建议建立专门的研究机构，加强对雅乐本体的研究，确保雅乐文化传承的科学准确。

为了褒奖和表彰万依先生为我国古代宫廷雅乐的复兴工作所做出的突出贡献，2012年他被北京市公园管理中心、北京市公园绿地协会、北京市风景名胜区协会共同授予了"北京市第二届景观之星"荣誉称号并向他颁发了金质奖章。

(作者陶鹰系《景观》特约编辑)

羊上房了

文\吉羊乐　图\叶明霞

　　一天早晨，我走出办公楼进入动物园园区西侧，远远看见食草动物展区西头的房顶上站着两只羚羊，还有一只正踏着用圆木搭建的坡梯向房上走。走近一看，是动物园最近刚为羚羊搭建的游乐工具。这栈道呈"U"字形，从地面可以分别走到两间兽舍的房顶上，同时两个房顶之间还架了一座木拱桥。羚羊在两座房舍顶上可以自由自在地通行玩耍。那一天我分明看到了这几只羚羊在乐。

　　羚羊自从进了动物园，就世代生活在狭小的兽舍里和兽舍前不大的空地上。现在牠们可以登高远望了，就像孩子得到了心爱的玩具，牠们一会儿上、一会儿下，血脉中的天性和本能被激发，庞大的身躯和轻盈的步履，传递出牠们的喜悦。仿佛间，我看到了牠们先辈祖亲在陕、甘、藏、川地区那2600～4000米的高山上的身影！游客们也都啧啧赞叹羚羊上房。一对拿着"长枪短炮"的夫妇说："他们（动物园）设计得真好！"

　　一个为了羚羊用圆木搭建的栈道，看起来没什么了不起，但仔细思考，其实很了不起。了不起的是管理者的创新构思，了不起的是传达出的管理者对待动物的关爱理念，了不起的是通过这样的小举措让游客感受到社会的文明进步。

　　当今国际上对待动物有一个新词，叫做"动物福利"，这个词比"动物保护"有更深的含义。其所到之处，持此理念的人士蜂拥成立保护组

⌘ 连接地面和房顶的木栈道

织甚至党派,并产生社会运动和潮流。所谓"动物福利",就是让动物在保持天性的状态下生存,其基本原则是:让动物享有不受饥渴的自由;生活舒适的自由;不受痛苦伤害的自由;生活无恐惧感和悲伤感的自由以及表达天性的自由(称之为五大自由)。在英、美、加、澳等国家都有为动物福利的立法。世界上第一部与动物福利有关的法律出台于1822年,由爱尔兰政治家马丁说服英国议院通过了《禁止残酷对待家畜》的"马丁法案"。"马丁法案"虽然只适用于大型家畜,但它是动物保护运动史上的一座里程碑。而在这之前,英国政府已分别于16世纪末和17世纪禁止了捕熊和斗鸡行为,其时,斗鸡和斗蟋蟀的风气正横扫中华大地。

1876年,英国又通过了《禁止残酷对待动物法》;1850年,法国也通过了反对虐待动物的《格拉蒙法案》;1866年,在亨利·贝弗的努力下美国通过了《禁止残酷对待动物法》,法律禁止马车超载、虐待马和家里的其他动物。随着时间的推移,愈来愈多的美国人成了亨利·贝弗的支持者,连《汤姆叔叔的小屋》作者斯托也写信表示,准备做"任何有益于善待动物的事情"。1900年,美国又通过了禁止在各州之间贩运被非法猎杀的野生鸟类的《勒西法案》。

1824年,马丁和其他人道主义者成立了世界上第一个民间动物保护组织:"禁止残害动物协会";1845年,法国也成立了动物保护协会;1866年,美国外交家贝弗成立了"禁止残害动物美国协会",并发表了《动物权利宣言》;1892年,世界上第一个自然保护组织"塞拉俱乐部"成立;美国最早的鸟类保护组织"奥杜邦协会"也于19世纪末成立;如今,"绿色和平组织"已成为世界上最著名的动物保护组织,拥有280多万名会员;1998年,丹麦议会通过了一项关于妊娠母猪和青年母猪的法令,要求母猪在配种后4周内应散养,直到预产期前7日为止。同时猪舍内应安装淋浴系统或类似装置以调节室温。猪舍地面应铺设草垫,不能铺设粗糙的材料;在英国法律规定,遗弃宠物将

景观·什刹海

判虐待罪,对牛、马、骆驼等工作动物实行"退休制度",工作动物享有"不超负荷工作的权力"、"享有每天工作时间限制的权力"等,在猪舍里需要为猪提供玩具。

究竟动物会不会乐?动物有没有感情?据我观察,任何动物都有喜怒哀乐,都有它们自己的语言,只是我们没法读懂罢了。试举一例:在北海公园太液池东岸,有一处非常典雅秀美的景点,叫濠濮间。内有点景房一座,游廊29间,山石连绵成峰,屋前有静池一方,青砂石湾桥一架,占地4416平方米。濠濮间额曰:壶中云石,联云:"眠林木清幽,会心不远;对禽鱼翔泳,乐意相关"。又:"画意诗情景无尽,春风秋月趣常殊"。池北面的石坊上南北横向皆有书:"山色波光相罨画 汀兰岸芷吐芳馨"。其石刻联南北向曰:"日永亭台爽且静;雨余花木秀而鲜。""蘅皋蔚雨生机满 松嶂横云画意迎。"如果没有去过濠濮间,当看了这几幅额联的描绘,一定会神往。这个景点是依据一段美丽的传说建造的。《庄子·秋水》上说,庄子和惠子游于濠梁之上,庄子说:"鲦鱼出游从容,是鱼之乐也。"惠子问他:"子非鱼,安之鱼乐?"庄子反问道:"子非我,安知我不知鱼之乐?"中国类似知鱼的古建景点各地都有,均表达了不同历史时代人们的道德观、价值观。中国园林的灵魂是文化,通过意韵、意旨和意境,讲求的是世界观,从而创造出耐人寻味的艺术魅力。庄子和惠子的观鱼知鱼争论给人们留下了无限的遐想和哲思。我观羊上房,联想庄子观鱼,"子非我,安知我不知羊之乐?"这话信不信由你,不过我信,而且是我亲眼所见。

从古至今,人们认为动物园的存在是为人服务的,换句话说,动物园中的动物是为人服务的。当我们对自然的认识更加科学,社会更加理性的时候,我们应当认识到,动物园存在的价值是为了物种保护和公共教育,动物园中的动物是为了人类科学认知自然而被人为地牺牲了自身的自由,难道我们不应该为牠们多做些吗?

中国关于动物福利的立法尚处讨论阶段,但有关动物保护、生态道德、生态文明等方面的法规和宣传早就提出并不断修改完善。比如,2003年1月1日起实行的《北京市公园条例》第四十六条(二)规定:在公园内,禁止游人"恐吓、投打、伤害动物或在非投喂区投喂动物"。违者将"责令其改正,并可处以50元以上,100元以下罚款"。我相信,随着时代发展、社会进步,文明先进的理念和价值观必将被越来越多的人们

⌘ 奔跑

⌘ 亲密

所重视和接受，从而转化为社会发展的动力。

近些年来，北京动物园在关爱动物、提高动物福利方面做了大量且有成效的工作，得到社会普遍赞赏。比如狮虎山的改造，美洲动物区的改造，大猩猩馆的改造等，普遍改善了动物笼舍的绿化环境和生存环境，不仅让人看得更舒服了，更重要的是让动物们更高兴了，许多动物都偷偷地乐了。

而令人遗憾的是，2012年4月29日，北京动物园的一只可爱的金丝猴"泉泉"死了，经临床检查疑似消化不良性胀气、胃粘膜出血所致。由于当时正值公休日，不排除游客投喂致死的因素。如果是这个原因，属于游客伤害动物的行为，损害了"动物享有不受伤害的自由"，理应受到谴责，同时，也是动物园管理的缺失。

终归是羊上房了。但是，北京动物园里也是几家欢乐几家愁，我们看到还有不少的兽舍空间狭小。大象、犀牛、河马等，在局促的"房间"里焦急地转来转去，看那大象怒目圆瞪，恨不得冲破牢笼奔向人群，报复将它们"终身监禁"的人们。在这里人们绝看不到"乐"，而是痛苦。也许它们的愤怒能够唤醒那些兽舍的设计者和管理者的良知。甚至有人建议将动物园兽舍的设计者关进牢笼3年，让他们体验一下"牢狱之苦"，出来之后再进行动物园兽舍设计。不过我更希望动物园的设计者和管理者成为社会的先知先觉，走在关爱动物的前头，但愿动物园的保育员（正在修订的国家职业大典对动物饲养员的新称谓）首先成为动物的好朋友，但愿他们通过他们的关爱，尽可能给动物们带来欢乐。

将来，羊在房上会看到麋鹿和斑马在模拟的小天地里奔跑了，大猩猩也呲着大牙乐了。或许大象、犀牛们也相信，牠们看到希望了。

最后，我要用奥地利诗人里尔克的诗歌《豹——在巴黎动物园》做结尾：

它的目光被那走不完的铁栏
缠得这般疲倦，什么也不能收留。
它好像只有千条的铁栏杆，
千条的铁栏后没有宇宙。

强韧的脚步迈着柔软的步容，
步容在这极小的圈中旋转，
仿佛力之舞围着一个中心，
在中心一个伟大的意志昏眩。

只有时眼帘无声地撩起。———
于是有一幅图像浸入，
通过四肢紧张的静寂———
在心中化为乌有。

（作者景长顺系北京市公园绿地协会秘书长）

☿ 星空（黄勤 摄）

暗夜公园

文/黄永明　图/黄勤

导语：世界上有一些公园，不是白天去看的，而是晚上去看的。它们被称为"暗夜公园"。这些公园远离城镇，也就远离了现代文明的副产品"光污染"；在晴朗的夜晚，游客可以在这里重温久违的星空。星空没有国界，是宇宙送给地球的礼物，她也正被人们考虑成为一种新的自然文化遗产。

如果要在中国境内找一个适合看星星的地方，首先想到的一定不会是山东济南。在这样一个人口稠密的城市，一个典型的被光污染笼罩的省会城市，怎么可能看到多少星星呢？不过，当我们在早春驱车从济南出发，向南部的山区行驶一个小时之后，竟然到了一处天空条件相当不错的地方。城市灯光的很大一部分被群山屏蔽，让这里的夜晚接近了一点点"原生态"。这里叫做"长城岭"，位于济南、泰安、莱芜的交界处。

去年4月，济南的天文爱好者小华在这里拍了一幅照片，提交给"第二届国际地球与夜空摄影大赛"参赛，然后获得了"美丽夜空"专题的第四名。这幅照片上，前景是地面上的齐长城武圣门，背景是斜跨天际的银河，银河的两侧可以清楚地看到天蝎和人马两个星座。二者显示出强烈的时空错位感：长城对于中国人来说，是最为古老的建筑之一，然而与头顶的银河相比，它又怎算得上哪怕沧海一粟。

这件事让小华注意到了一个对他来说比较新的概念：暗夜保护。随着城市文明的发展，夜晚的天空被人造光源照亮，原本璀璨的星空失去了色彩，成为越来越稀缺的资源。留住一片星空成了国际上被提到自然文化遗产的高度。暗夜保护的一项重要做法，就是专门开辟夜空保护区，建设所谓"暗夜公园"。

鲜为人知的暗夜公园

世界上最早的一个暗夜公园成立于五年前，是美国的天然桥国家公园，位于美国犹他州的东南角。与美国其他一些国家公园相比，这个公园的名气就如同它的面积一样，到现在也并不算大。每年大约会有10万游人驻足于此。公园最大的景观便是它的三座天然形成的石桥，这也是其名字的由来。石桥呈白色，由砂岩在水流经年累月的侵蚀下形成，它们的位置因而也较低。白天，这里复杂多变的地形和林立的峭壁为远足爱好者提供了足够的挑战。

这些石桥具有相当的欺骗性——当人们站在桥下，它们看起来就像是亘古不变的。事实上，它们正是自然界变化的产物。风、雨、流水无时无刻不在改变着它们的形态。这种改变是缓慢的，但有时也会有剧烈的变化出现。比如1992年，4000吨的岩石从其中一座桥上掉了下来。一座石桥可能随时会崩塌，然后不复存在。

最近的带有旅馆的城镇距这里也至少有60公里，这让公园在夜幕降临之后获得足够的宁静与黑暗。这里是全美国最暗的国家公园之一。如果用1到10的等级来表示从暗到亮，那么天然桥国家公园的亮度是2。当暮光褪去，繁星浮现，星空与石桥，两种在人类看来亘古不变的事物就会在天空和地面遥相呼应。尤其是在夏天，壮丽的银河横亘天际，夜空清澈地像湖水一样，星星多不可数，恐怕任何浮躁的心灵到了这里也会稍作安顿。一些天文摄影师长年把这里当作拍摄地，希望用影像记录下片刻的永恒。

2007年，国际暗夜协会（IDA）将这里设立为世界上第一个暗夜公园。为了让这里的夜晚保持黑暗，公园修改了80%的照明设备，让灯光只照向地面，不会漫无目的地照亮夜空。大部分户外照明使用的是13瓦的紧凑型荧光灯，它们既能够保证足够的夜间照明，又不会破坏极为脆弱的夜空。

有过观星经验的人都会知道，城市的灯光、公路上的车灯、甚至手中的一只小手电都会让星空顿然失色。四个世纪之前，伽利略在意大利的帕瓦多用他自制的世界上第一架天文望远镜看到了木星身旁的四颗卫星。他所使用的望远镜比我们现在任何一架业余天文望远镜都要

逊色，但是，我们今天的业余望远镜看到那四颗卫星却并非易事。在今天的城市里，抬头看到的星星数量还不及伽利略当年看到的百分之一。在整个美国，甚至都难以找到一个夜间能和当年的帕瓦多同样黑暗的地方。

国际暗夜协会是一家成立于1988年的非营利组织，创始人是一名职业天文学家和一名医生。现在总部位于美国亚利桑那州图森市，它的成员已经分布在美国的50个州和世界上超过70个国家，是世界上最大的夜空保护组织。

从2007年诞生第一座暗夜公园到今天，五年的时间里，国际暗夜协会一共在世界范围内认定了10个暗夜公园。它们之中最广为人知的有四个，除了天然桥之外，还包括美国宾夕法尼亚州的樱桃泉国家公园、俄亥俄州的格奥加天文台公园和英国的苏格兰加洛韦森林公园。

这些公园之外，还有六个鲜为人知，至少目前中国人很少会听说，甚至连职业天文学家都尚不知晓。这些公园中有两个位于匈牙利，一个叫塞利茨星空公园，一个叫霍尔托巴吉国家公园。其他四个均位于美国。

匈牙利的两个暗夜公园分别在2009年和2011年由国际暗夜协会确定。一个暗夜公园的建设，在当地是要做大量的努力和协调才有可能成功的。以塞利茨星空公园为例，它作为暗夜保护区的建设是从2006年开始的。首先是匈牙利天文学会与国家公园董事会签订建设协议，然后董事会去跟公园周围镇子的镇长挨个去谈，取得所有17个镇子的同意。接下来，在匈牙利照明协会的介入下，开始对镇上的照明设备进行大规模的改造，也包括保护区内部建筑的灯光改造。灯光的照射方向至关重要，它们必须只向下照射；而不射向高于地平线方向的天空。

塞利茨星空公园成为了欧洲第一个暗夜公园，它位于匈牙利的西南部，那里是整个匈牙利天空条件最后的位置之一。保护区的面积大约有9000公顷，其中大部分是林地。在晴朗的夜晚，天空中来自人造光源的亮度不大于天空本身的自然辉光，这让繁星和银河举目可见。有研究人员在公园建成之后对其进行了监测，发现灯光改造工程非常成功，来自周围镇子的灯光污染被降到了最低程度，来自远处大城市的灯光也不算厉害。国际暗夜协会对暗夜公园的夜空条件有一个分级，就像赛场上的奖牌，分为金银铜三类，塞利茨星空公园被授予了"银牌"。

美国几个尚未广为人知的暗夜公园建立于2010年之后。包括了克雷顿湖国家公园、金戴尔天文台公园、海岬国家公园，而在今年刚刚加入的是德克萨斯州的大弯国家公园。

大弯国家公园这个名字的来历有点意思。叫"大弯"是因为美国和墨西哥的边境线在这里拐了个大弯。公园的面积超过了3200平方公里，其中边境线的长度有393千米。这片区域早在1930年代就被德克萨斯州立法保护了其他。

它本身就像是一个地质博物馆,又具有丰富的生物多样性,现在又被列入了暗夜保护区。总的来说,美国的暗夜保护区看起来比较粗犷,很多都是在原有的地质公园的基础上建设而成。

中国的星空公园

对于暗夜保护的需要最初是来自于天文学界的。我走访过国内几乎所有的专业天文台,大家在观测研究中遇到的共同问题首当其冲的就是日趋恶化的夜空亮度。把夜空照亮了以后,天文学家们的工作就好像是夜间驾驶时迎着远光灯看路况。所以,暗夜保护的需求最早是来自于天文学家的。

中国的第一个暗夜保护区就来源于此。过去几十年里,上海天文台在不断扩张的巨型城市的包裹之下,已经失去了大部分的科研观测能力。原先建在市郊的佘山观测站由于光污染的影响,从科研转向了以做科普为主。上海天文台的研究人员就开始往更远的地方寻找,到江苏和浙江的山区里去找适合观星的地点。

早期参与了这项工作的林清研究员告诉我,他们确实发现了一些夜空条件不错的地点,但是这往往也就意味着那些地方会比较荒凉。如果要从零开始建设一片保护区,这是天文台力所不逮的。最终他们选择了浙江吉安的天荒坪。这里原本已有一个"江南天池风景区",天文台与景区达成合作协议,把风景区所在的山头建设成为"夜天光保护区"。在这里从事科研工作的上海天文台光学天文技术研究室主任唐正宏对这里的天空条件还是相当满意的。保护区的山头海拔接近1000米,山脚下有一个村子,灯光对天文观测的影响不大。大城市杭州到这里的直线距离是40千米,夜晚往杭州方向望去,能够看到城市上空橘红色的灯光,但总体来说,这里的观测条件仍然"接近国际一流天文台站的水平"。

保护区参考了澳大利亚赛丁泉天文台的灯光管理规范,对景区和周围的灯光分成三类,提出不同的要求。在严格控制的区域之外,正常的家居照明,是自由选择的,不需要任何政府部门的批准;而像网球场这样需要强光照明的则需要政府的批准。

在唐正宏看来,天荒坪夜天光保护区的建设是多赢的。天文台有了一个测试望远镜的基地,风景区多了一项吸引游客的项目,地方政府也为生态保护做出了贡献。

在济南,有多年企业管理经验的小华更直接地认为,暗夜保护一定要去旅游结合在一起才能发挥最大的效应。因为仅仅从天文台的需求出发,这件事就太有局限性了。要调动全民的暗夜保护意识,最好的办法就是通过旅游项目的体验。

从国际上已有的暗夜保护区来看,确实大部分保护区本身也是旅游景区。小华正在积极推动在山东省内建设两个暗夜保护景区,我们到济南城郊看到的七星台风景区就是其中一个。与美国暗夜保护区的粗犷风格不同,中国的景区显得更加细腻,人工景观在景区中占据的分量更重。像七星台风景区,就是以齐长城遗迹和现代修复的长城为主打景观。

现在中国大陆已经建成或规划之中的暗夜保护区集中在东部,而事实上,单单从夜空条件来讲,西部的广袤区域可能效果会更加理想。毕竟东部的城市实在是太密集了,而有研究显示,1000万人口的特大城市,散射光的影响可以达到150公里;300～500万人口的大城市,散射光影响可以达到50～100公里;50～100

万人口的中等城市，散射光的影响也可以达到50公里。如果以这个标准来看，中东部地区想要找到一块脱离了光污染的观星地，就实在是太难了。

位于昆明的云南天文台由于离市区太近，现在已经几乎无法在光学波段进行观测。所以他们在前几年找了一个新的台址，位于丽江西南42公里处一个叫高美古的地方。这里我也实地去过，夜空条件堪称优越。所以，如果从将夜空保护和旅游结合起来的角度来说，像云南这样一些本身已经颇具旅游资源、位置又比较偏远的地区，可能会是很好的选择。

把暗夜公园建到海岛上如何？

在国际暗夜协会之外，近年来联合国教科文组织也在推动暗夜公园。它所认证的暗夜公园一个位于西班牙的巴利阿里群岛及其伊维萨岛，一个位于新西兰蒂卡波湖畔。

浩瀚的星空固然震撼人心，而当它与人类的历史和文化对照并存时，则更能够让人回味。就像小华的照片中长城与星空的对比那样。在西班牙的伊维萨岛，星空是与人类艺术融为一体的。那里是肖邦的故居，星空也从来都是音乐家们的灵感源泉。当我们远离星空时，隔绝的不仅仅是自然，更包括了我们的灵感和艺术。伊维萨岛是驰放音乐的发源地，那里也有文艺复兴时期军事建筑的杰出代表。游客漫步在伊维萨岛的星空下，感受到的是自然与人文奇妙融合的气息。

新西兰的蒂卡波湖是一个难得的位于南半球的暗夜保护区。在那里，人们看到的星空与北半球的大相径庭。看惯了北半球星空的人，到了那边，看到一片陌生的星空一定是别有一番趣味的。湖畔的小镇叫特卡波，那是一个只有300多人的镇子，居民们从1981年开始就自觉控制灯光。想一想这样的一个宁静的湖畔小镇，在光污染如怪兽一样吞噬星空的今天，说它是一份自然和文化遗产并不过分。

小镇也确实向联合国教科文组织提出了世界遗产的申请，这是联合国教科文组织第一次收到把星空作为遗产的申请。它既不是直接与某个城市关联，也不与某个建筑对应，或者与文化传统或是艺术也没有直接对应关系，这就使得联合国教科文组织要突破或是修改对世界遗产的定义了。

英国还有一个很特别的暗夜保护区，是设置在海岛上的。它就英国南部海岸130千米外的萨克岛。萨克岛上居民稀少，而且汽车在这里是被禁止使用的。当地人的交通工具迄今仍然会使用马车，此外就是自行车、拖拉机和电瓶车。2011年，国际暗夜协会宣布把这里归为"暗夜岛"，这使得萨克岛成为世界上第一个暗夜岛。在这座暗夜岛上，星空不是难得一见的奢侈品，而是日常环境的一部分。通常，岛上的旅游旺季是夏天，而有了星空作为一项新的旅游景观后，人们也愿意在冬天到这里来游玩。冬夜虽然寒冷，却也是观赏许多亮星的最佳季节。

实际上，一般来讲，海岛因为潮湿和雾气，可能并不会被列入观星的首选地。不过萨克岛的成功也提醒人们存在这样一种可能性。岛屿由于其天然的地理特点，很容易就会远离大城市。中国拥有大量的海岛，如果能在夏夜里躺在某个海岛的沙滩上，繁星与海浪通过视觉和听觉的感官传入大脑，想必定会激发许多的遐想与灵感吧。

（作者黄永明系《南方周末》天文专栏作家）

黄山云海

风景名胜区走向世界的故事

文\曹南燕

我有幸在建设部为全国风景园林行业工作了30年。更有幸的是参与了1986年中国第一批世界遗产的申报和以后世界遗产的申报和管理工作。我想通过介绍一些鲜为人知的情况,来说明中国风景名胜区世界遗产申报管理在世界遗产保护事业中的地位和作用。

故事一：第三世界最好的一本世界遗产申报书

1986年泰山风景名胜区申报世界遗产，这是中国申报的第一项自然遗产。泰山的这份世界遗产申报书，在联合国教科文组织世界遗产委员会审查的时候，被一致认为是第三世界最好的一份申报书。这本申报书第一次让世界了解了中国世界遗产的价值。1987年1月联合国教科文组织正式发函称："《泰山遗产》资料丰富而翔实，是第三世界中最优秀、最出色的版本"。

1987年5月，联合国教科文组织世界自然资源保护联盟（IUCN）的副主席卢卡斯先生（新西兰人，时年62岁）来泰山考察后，他在泰山召开的座谈会上充分肯定了泰山的资源价值，称道："泰山的双重遗产价值意味着中国贡献了一种特殊的独一无二的遗产，它为我们开拓了一个过去从未做过、也从未想过的新领域"。卢卡斯先生还为泰山题词："泰山把自然与文化独特地结合在一起，并在人与自然的概念上开阔了眼界，这是中国对世界人类的巨大贡献。"

泰山这份世界遗产的申报"促进了世界遗产概念的更新"，"对世界遗产的评价带来了新的标准"。这是卢卡斯先生对泰山的自然与文化双重遗产价值最高的评价。

到目前为止，国际上共有世界遗产962项，其中文化与自然双重遗产29项，中国就占据了4项，分别是泰山、黄山、峨眉山－乐山大佛和武夷山国家级风景名胜区。

故事二：手工裁剪出来的范本

1991年黄山是中国第二批被联合国教科文组织批准的唯一一项世界遗产项目。1990年中国黄山报送的世界遗产申报书被世界自然资源保护联盟（IUCN）专家吉姆·桑塞尔博士称之为"中国申报世界遗产的范本"。黄山世界遗产申报书不但符合联合国教科文组织的申报要求，而且中文资料翔实，英文翻译准确，印刷装帧精美。（之前泰山世界遗产申报书的A4印纸，因为条件有限都是靠手工裁剪出来的，而照片是用相角粘贴出来的。）

以后，建设部在黄山举办了多次研习班，指导国内其它遗产地在预备申报时学习交流。黄山管委会为让国内同行们了解这方面的工作，也把黄山世界遗产申报书印刷成单行本，出版在安徽省建设厅主办的风景园林杂志上，为中国其它遗产地申报世界遗产起到了示范的作用。同时，这本申报书也得到了社会上的认可。1994年，黄山世界遗产申报书获得了安徽省科学进步一等奖，这是中国第一次在世界遗产项目方面获得的科学进步一等奖；同时科学进步奖项也拓宽了新的领域，增加了世界遗产的新内容。

故事三：中国"世界遗产"徽标的出台

20世纪90年代末，受中国联合国教科文组织秘书处的委托，建设部组织了有关专家对中国的"世界遗产"徽标进行设计并广泛征求意见。专家们认为既然是中国的世界文化遗产，我们就应该用汉字来表现，我们将设计的草图送到中国联合国教科文组织秘书处，通过再次征求有关部门的意见，最后达成一致意见，于是标有汉字"世界遗产"的徽标就这样出炉了。今天我们每到一个遗产地都可以看到这个徽标，它为我国对内、对外宣传世界遗产打下了良好的基础。

故事四：走进人民大会堂颁证书

世界文化遗产的宣传不仅是要让行业人士知道，更要让公众都了解。1991年，中国联合国教科文组织全国委员会和建设部在北京人民大会堂举行了中国泰山、黄山世界遗产颁证大会。大会召开得很隆重，原国务院副总理、全国政协副主席谷牧同志等有关国家领导人前来参加会议并为遗产地颁发世界遗产证书，这是史无前例的。中央电视台新闻联播及时进行了报道。在当时，社会上还不清楚什么是世界遗产的时候，我们就通过这样的形式向公众进行了很好的宣传。

故事五：走出国门办展览

1992年《世界遗产公约》颁布20周年，联合国教科文组织筹划在法国巴黎举办《世界遗产公约》的展览。在中国联合国教科文组织秘书处的组织下，建设部牵头带领已批准的世界

遗产地的中国风景名胜区参加了这次展览。这个展览国家没有展览经费，是由黄山和泰山两个遗产地筹集的。展示的100多张大型的资源照片，都是在国内制作好，由参展人员携带托运到巴黎的。布展时，由于资金紧张，甚至连剪刀和胶水都是借的，还借来了2个仿兵马俑塑像在中国展览的大厅门口进行展示。中国联合国教科文组织给予了很多的支持和帮助，最后布置出来的效果非常好。在世界遗产展览开幕时，联合国教科文组织最高领导马约尔总干事第一个参观的展厅就是中国的展厅。他看完中国的世界遗产展览后，马上挥毫写到："伟大的文明、伟大的中国。"这是对我们国家遗产工作的充分肯定。同时20多个国家的使节和联合国的一些官员及法国的一些民众都参观了中国展厅，这是第一次向世界展示我们中国的世界遗产、中国的风景名胜区以及中国的历史文化，也使世界了解了中国。

故事六：最权威的世遗著作

为了全面系统地对中国世界遗产进行宣传，建设部组织了《中国的世界遗产》一书的出版工

作，在时任建设部部长侯捷侯部长高度重视和指示下，在我的老师国家文物局古建专家组组长罗哲文老先生的指导下，经过艰苦努力，我们将当时中国已经列入世界遗产的所有项目的申报书进行收集整理（所有纳入《中国的世界遗产》一书的图片基本都是申报到联合国教科文组织的最优秀的片子中挑选出来的），精心编著出《中国的世界遗产》一书文稿、图片。对于出书如何定位，根据罗哲文老先生所讲的大团结政策，我们定位为：中国联合国教科文组织、中华人民共和国建设部、国家文物局联合编写。罗哲文老先生为此书作的中文序，时任联合国教科文组织世界遗产中心主任冯德勒斯特作的英文序，罗哲文老先生在序言指出此书"是迄今为止最全面最权威最完整介绍中国的世界遗产的著作"，它也受到业内专家学者的一致好评，吴良镛、周干峙两位两院院士和北京大学世界遗产中心主任谢凝高教授为此书题写了书评。这本书由中国建工出版社出版，出书质量也非常好。

1999年《中国的世界遗产》一书获得了第十二届中国图书奖。此书是中英文版的，在日本召开世界遗产大会时，中国联合国教科文组织送给世界遗产委员会21位委员人手一册。委员们看到以后，认为非常好，因为这是第一次系统地介绍中国的世界遗产。世界遗产中心主任冯德勒斯特看到成书后，非常高兴并发来热情洋溢的祝贺电函，称："这本书为中国宣传世界文化遗产做出了突出贡献"。

故事七：第一部世界遗产条例出台

1998年四川省建设厅开展了世界遗产保护条例的立法调研和世界遗产起草工作，2002年四川省人大颁布了《四川省世界遗产条例》，这是我国第一部世界遗产的保护条例，使风景名胜区的世界遗产项目步入了法制管理的轨道，对今后的其他各省和全国的风景名胜区世界遗产保护提供了很好的法律借鉴。此后，很多省市和地方都来向他们学习。当时四川省有四个世界遗产项目，它们是黄龙、九寨沟、峨眉山—乐山大佛和都江堰—青城山国家级风景名胜区。

故事八：黄山头上的桂冠

在世界遗产管理方面，中国获得了第一项联合国教科文组织颁布的梅利娜·迈尔库里奖，这是世界遗产保护管理的最高奖。1999年，联合国教科文组织授予黄山首届梅利娜·迈尔库里文化景观保护与管理荣誉奖，这是世界遗产地保护和管理的"诺贝尔"奖项，全世界仅有3个得主，中国唯黄山独享此誉。

时任联合国教科文组织世界遗产中心主任的冯德勒斯特，在考察游览完黄山的绝妙风光后不禁赞叹："黄山是联合国教科文组织《世界遗产名录》中最特殊、最具有重要文化意义的自然遗产。毫无疑问，在所见过的世界遗产中，黄山是最杰出的。黄山，拥有无与伦比的美丽，是特别的世界遗产；黄山，拥有一流的景色，一流的管理；黄山——中国的名片，我为她骄傲！"黄山世界遗产在保护管理方面为中国世界遗产工作做出了典范。

（作者曹南燕系中国风景名胜区协会副会长、中国文物学会世界遗产研究委员会副会长、高级工程师）

⌘ 九寨沟

链接：在我国43处世界遗产项目中，有24处遗产项目是位于32个国家级风景名胜区范围内，它们分别是：八达岭—十三陵、承德避暑山庄外八庙、武当山、嵩山、玉龙雪山、太湖、重庆大足石刻、龙门石窟、青城山—都江堰、黄龙寺—九寨沟、武陵源、三江并流、四姑娘山、天台山、西岭雪山、云南石林、荔波樟江、重庆武隆、三清山、丹霞山、泰宁、崀山、赤水、龙虎山、龟峰、江郎山、泰山、黄山、峨眉山—乐山大佛、武夷山、庐山、五台山、杭州西湖风景名胜区等。

风景名胜区走向世界的故事

白莲池上当时月，今夜重圆

——我和莲花池不得不说的故事

文\赵丽娜　图\黄勤

　　这题目是晏几道《采桑子》中的诗句，他是因为没有约到一起去赏莲的佳人而暗自神伤，所以这句子里多了点惆怅和叹息，但这话要是放我身上，倒是充满了快乐和回忆的亲切。

　　我一直觉得自己跟北京莲花池公园特有缘，证据是从我出生到现在这20年来，兜兜转转，换了好些个住处，可总像是围着莲花池打转，周围的环境变了又变，莲花池永远在不远处傻笑，好像知道我走不远，迟早是要回来的。

　　小时候我住在西客站对面的西木楼里，天天最爱干的事儿除了吃以外，就是一手提着小塑料桶一手死拽着姥姥的手，东张西望的一起穿过西客站长长的厅道，向莲花池踱去。那个时候可没那么多浪漫心思，还看莲花？划船？我眼里都没那些，我的目标就是公园边儿上那块儿未建设的草地，除了在上面撒欢，我的主要目的是那些绿油油的野菜，要知道我姥姥的野菜包子、饺子让我回味至今，自诩京城一绝啊。多年以后，我再没见过那些长在莲花边的野菜，也再也没吃过那么好味儿的包子、饺子。我想，或许是沾染了莲花的仙气儿，它们的味道也带着一股清新气，让我难以忘怀；又或许是摘野菜时姥姥那满脸皱纹的微笑和紧抓着我的，汗涔涔的手，让我可以潸然泪下吧。

　　再长大了一点儿的时候，我喜欢和三个表妹去莲花池溜冰。那时候的莲花池还没有那么讲究，设备也不新鲜，就几辆冰车，几双冰鞋，空间也不大，所谓的冰场上常常冷冷清清。

但我们可不管这么许多，谁能阻止住孩子的快乐呢？即使没带钱，我们也悄悄地溜进池里，自以为别人不会注意，为自己的小诡计可以得到免费的机会而沾沾自喜。其实现在想想，很感谢当时管理人员的宽容，让我们姐妹几个能在莲花的顶上，快乐好几个年头。后来我看到一则童话，说小孩子都是流星，在飞向地球的时候会被鹳鸟带往父母身边，在短暂的停留时我们会躲在莲花下避雨，那时候身边的人就是未来的亲人。多么美啊，原来我们之所以是姐妹，是在同一朵莲花下那么样的贴近过。那今天莲上的幸福原来是早就注定好的，那这莲花池，是不是也是注定会出现在我的生命里的呢？

　　高中的时候，我迷上了庙会，一个春节我能和朋友一起走上好几个，而莲花池的庙会是我重复次数最多的一个。我记得有一年，我甚至到了卖羊肉串儿的小贩都认识我的地步，离老远就吆喝我："那边的姑娘，又来了？过来，来一串儿吧！"哈哈，后来啊，我还帮着那小贩吆喝了一会儿，看得我朋友眼儿都直了，一脸的完全不理解。其实我是享受在瑟瑟发抖的日子里，一身喜庆的红色，和几个好友一边吃喝一边闲谈，完全感觉不到寒风萧瑟。莲花池的不同之处在于，她明明在最安静处绽放，却能拥抱这份喧嚣。对于我们的热闹她不参与，却微笑、包容、祝福。就在那一年最后一天的庙会，我们准备离开的时候，我把刚买的风车冒险插在莲池的冰面上，朋友看了，摘下头上的礼帽挂在上面，我们相视一笑，一切尽在不言中。周围的人也都笑了，大家心照不宣。我们与莲的故事还会继续，现在，就让她休息一会儿，静静地，放一会儿香吧。

　　现在的我在南方读大学，一年只能在北京待一两个月，但是莲花池却并没有离我远去。我和爸爸妈妈吃完饭都会溜达到莲花池散步。或是某个暑假暖洋洋的午后，我和妈妈会陪着爸爸和他的钓具一起去莲池钓鱼。每当那个时候，看着满池的荷花，与父母扯着家长里短，心中都无比宁静，好像世间的喧嚣都远离了我，不再有学业的压力、就业的压力、人际关系的压力，心完全被莲充盈着，慢慢地平静下来，嘴角会不自觉地荡漾出一丝幸福来。

　　听说，莲是佛的爱情，洒落于水上，守候千年，等待佛的回眸。我们何其有幸，可以在那么多份爱中徜徉，那是属于佛的，也是属于我们的，它带着我们寻找到了爱，我们在它其中感受着爱，白莲池上当时月，今夜为我们重圆，我期待着我的未来，也期待着未来在莲花池公园发生的更多的故事。

莲花池

景观大道颂

文\景长顺

珠穆朗玛是登天的云梯，

马里亚纳是入地的小溪。

地球姊妹九个同属于太阳系，

然而在浩瀚的太空，就好像一颗颗小小的沙粒。

时间无始无终，宇宙无边无际，

人生百年如同白驹过隙，倏忽几可不计。

然而景观大道却是永恒的。

因为，它是金与石的躯体，

它不仅有宇宙的体温，还有大地的灵气，

更重要的是，它铸上了景观之星的事迹。

景观之星多么美妙的名字，多么动人的事例。

也许或有人说：这没有什么了不起。

但是正是这些没有什么了不起，撑起一片蓝天，

激荡起你我心中的涟漪！

他们就是中国的哥伦布，他们就是北京的绿色空气。

朋友，50年后再回首，坦途可达天际。

（作者景长顺系北京市公园绿地协会秘书长）

景观大道

景观大道位于北京市玉渊潭公园内，以印有景观之星手模的精神石碑为主要景观。景观之星评选活动从2006年美始至今已经举办过两届，通过全社会共评选出20人，他们是来自社会各行业的突出代表，为首都的公园和绿化事业作出了杰出的贡献。

美丽的公园我的家

文\杨启舫

我的家是紫禁城里那一声笑语喧哗;
我的家是居庸关上那一次扬鞭策马;
我的家是卢沟桥头那一抹弯弯晓月;
我的家是北海公园那一湖映日荷花。

我的家历史悠远,
天坛、地坛是她的门牌号码。
我的家故事绵长,
日坛、月坛是镌刻她心底的牵挂。
我家的小院向阳,
云蒙山、妙峰山是环绕她的花圃。
我家的客厅漂亮,
九龙壁、八达岭是她墙上的壁画。

玉渊潭赏樱,
七彩的花海告诉你春天从哪里到达;
颐和园里荡桨,
美丽的画中游告诉你夏天从哪里出发;
香山之巅远眺,
漫天的红霞告诉你秋天是那么绚丽;
紫竹院里听雪,
悠扬的琴韵告诉你冬天是如此无暇。

蕙芳园、什刹海,
一声声京腔京韵、唱念做打。
团结湖、植物园,
一片片绿树成荫、四季香花。
慕田峪、龙庆峡,
一次次古道热肠、壮志抒怀。
陶然亭、莲花池,
一段段人情冷暖、琴棋诗画。

地坛书市的书香呀,
香透了整个城市的梦想。
龙潭公园的花灯啊,
照亮了一个民族前进的步伐。
如果你想理解这个城市的精神内涵,
就去五环掩映下的奥林匹克公园,
去问问那些在夕阳下漫步的姑娘小伙,
去问问那些在朝霞里晨练的大爷大妈,
他们会用幸福的表情为你做出回答。

"爱国"就是勇敢担当、心系小家大家。
"创新"就是积极进取、珍惜花样年华。
"包容"就是敞开胸怀、弘扬仁义至善。
"厚德"就是容载万物、追求精神博大。
爱国、创新、包容、厚德,这是我们的家训,
我们用无边的绿色守望和谐的家园。

这就是我依恋的北京,
是我祖辈辈繁衍生息的地方。
一幅有着三千年历史长卷的城市,
一个被绿色公园拥抱的美丽的家。
这就是我们祖祖辈辈繁衍生息的地方,
一个被绿色公园拥抱的——美丽的家。

(作者杨启舫系中国音乐文学会副秘书长)

⌘ 碧桐书院

碧桐书院逸闻

文图 \ 金鉴

碧桐书院原名梧桐院，位于北京圆明园九州景区东北角，南临天然图画，西依慈云普护，西北与淡泊宁静隔水相望，东北与同乐园、东与曲院风荷北面建筑相依，为圆明园四十景之一。据《圆明园大事记》载：雍正九年（1731年）三月，圆明园内各处悬挂的二十七面御笔匾额做成，其中有鱼跃鸢飞、碧桐书院、接秀山房三面系四十景内的匾额。

碧桐书院面积约一公顷，山以西北叠垒得十分高耸，从圆明园四十景图上看，在山峦中有瀑布成两叠而下,使清静幽雅的书院有了动感。建筑由西北筑向东南围成近十个朴素的庭院,院中遍植梧桐,环境清幽,适宜读书。值得一提的是,一条小溪由东北沿山脚下汇集两叠瀑布之水,向南沿建筑群边缘折东再向北,穿过东部一些庭院再折东流出景区。这一奇特构思使幽静中的庭院,因临水或跨越水而变得更加活泼。也正因此,整个景区形成水环山、山环水、水临景的艺术造型。在景区的西南峰峦处有云岑亭,登临它西南可一揽九州景区湖光山色,东北可观梧桐树掩映之下清静幽雅的书院。雍正在《雍邸集》中有《梧桐院》五言诗一首:

棹泛湾湾水,桥通院院门。
吟风过翠屋,待月坐桐轩。
秋叶催诗落,春花应节繁。
祗应金井畔,好借凤凰骞。

据《一代名园圆明园的兴衰》记载:碧桐书院环境是幽静的,但它却有着不平凡的逸闻。过去民间传说的吕四娘杀雍正的地方,就是这碧桐书院。而《大清见闻录》中《雍正外传》将这一逸闻描得更加细致,现引缀如下:"雍正,康熙第四子,少年无赖。好饮酒击剑,不见悦于康熙,出亡在外,所交多剑客力士。结兄弟十三人,其长者为某僧,技尤高妙,骁勇绝伦,能练剑为丸,藏脑海中,用则自口吐出天矫如长虹,杀人于百里之外,号称万人敌。次者能练剑如芥,藏于指甲缝,用时掷于空中,挡者披靡,雍正亦习其术。康熙晚年病笃,雍正偕剑客数人返京。先时康熙已草诏,收藏密室,雍正侦知之,设法盗出。诏中有云,传位十四太子。潜将十字改为于字,藏于身边。乃入宫问疾,预布心腹于宫门外,有入宫者辄阻之。时康熙病已殆,先时十四子允禵,奉命出征准部,至是拥兵西路观变。康熙宣诏大臣入宫,半晌无至者,骤见雍正立前,大怒,取玉念珠投之。有顷康熙上宾,雍正出告百官,谓奉诏嗣立,并举念珠为证。百官莫辨真伪,奉之登极。康熙众子有知其事者,心皆不服,时出怨言。雍正知群情汹汹,遂以峻法严刑为治。即位未几,亲藩诛锄殆尽。当时各藩皆有党羽,大半系侠士之流,雍正恐遭人之暗杀也,一日赴天坛祭祀,雍正甫至天坛,忽闻坛顶所张黄幕,突然一声,陡作异响,卫士疑为刺客,纷趋救护。惟见雍正右手微动,一线光芒,从手中射出,斯须幕裂处坠一狐首。雍正乃谓诸术士曰:迩来逆党欲谋刺朕,密布刺客,朕故小试手段,使逆党知朕剑术之高妙,虽有刺客,其如朕何!然雍正虽然如此说,而心怀疑滋甚,窃思天下之剑客,多半皆为我羽党,可以无虑,惟某僧独不为用,亡走山泽,深以为患,思杀之以除害。而某僧行踪飘忽,无从弋获。一日侦在某所,命结义兄弟三人,易服往探,后布精兵为守要隘。僧睹三人至,笑曰:若辈受主命来捕我耶?汝主气数尚旺,吾不能与争。虽然,汝主多行不义,屡以私恨杀人,今吾虽死,汝主必不能苟免,一月后必有为吾报仇者,汝等识之。言讫伏剑而死。三人携其首复命,并以其语覆闻,雍正大惧,防卫甚严,寝食不宁数日。月余,无故暴死于内寝,宫廷秘密,讳为病殁,实则为某女侠所刺。相传某女侠即吕晚村孙女,剑术尤冠侪辈云。"在此仅作逸事刊出。实则,历史之雍正帝并不是野史所说,而是一位励精图治、很有作为的皇帝。

(作者金鉴系职业作家)

马致远故居

小桥流水人家

——京西韭园村与马致远故居

文图\张宝贵

在京西门头沟山区，元代时曾隐居着我国两位著名的文化名人，一位是大戏曲家马致远，一位是北京第一部史地书籍《析津志》的作者熊梦祥。熊梦祥隐居在东斋堂村，因年代久远，沧桑变迁，其故居准确地点已不详。而马致远的故居仍在，就在王平镇韭园村的西落坡村，现已复修后建成纪念馆，并对外开放。

韭园村位于王平镇的九龙山环抱中，古时因盛产韭菜而得名。韭园村分为四个小自然村，即：韭园村、西落坡村、东落坡村、桥耳涧村。韭园村成村古老，应在辽金以前，因村中有些古迹属于金元时期。如西落坡村有元代的马致远故居、金代的古碉楼（有立牌说明）、名叫"大寨"的金代古监狱，该村也是京西大道上出入古道的第一个古村落。在古时，京城里的人们以煤炭为薪，而西山遍藏乌金。于是，京西和山西、内蒙古一带拉煤运货的驼队、马帮就来往于西山古道中。远古烽烟、筑城御边、驼队

景观·阅古楼

铃响、马帮来往、宗教活动等，使古道、西风、驼铃、瘦马等神奇故事流存在古道两侧。现门头沟区尚存古道很多，据史料记载，现存的京西古道最早始于五代时期，距今已有一千一百多年的历史。从辽金时，玉河大道开始修建。京西深山里的各条古道也随之繁盛。这些古道既有天然的羊肠小道，也有人工铺砌的较宽阔的石路。这些古道有商用、军用、驿道、香道、御道和民间来往用道。于是在古道上又逐渐形成了许多古村落。可以说西山古道也创造了门头沟山区的灿烂文化。其中王平古道绵延而来，穿韭园村而过，于是韭园村中的驿站、客栈、酒馆、商铺等比比皆是。出了韭园村，就来到了玉河大道（现在的109国道），来往的客商们都愿意在此休憩。王平古道从韭园村口的京西大道起，进韭园村，经王平、大台、木城涧、庄户村、千军台村等，再到西端的张家村、七里坟村等，在军响乡与玉河古道相通。因王平、大台、木城涧等煤矿都在这条古道上，是运煤必走之路，所以自古韭园村就十分繁华。而韭

⌘ 马致远故居石碑

毛主席书手书《天净沙秋思》

园村又隐居着我国元代时的大戏曲家马致远，使韭园村成为历史文化名村。

在我国文学史上，元代的戏曲可以说是最灿烂辉煌的一页。在元代出现了很多著名的大戏曲家和很多优秀的戏曲作品。而且很多戏曲家都是大都（北京）人。像著名的"元曲四大家"中的关汉卿、王实甫、马致远都是大都人，只有白朴是山西人。关于"元曲四大家"还有一种说法，说四大家为：关汉卿、马致远、白朴、郑光祖，没有王实甫，但郑光祖是元代后期人。他们的戏曲经常在大都西城砖塔胡同里的勾阑、瓦舍（剧场）中演出。北京可以说是我国戏曲的发祥地。对于元代大都众多的戏曲家，有关他们生平的资料很少，又因年代久远，关于他们在北京的故居更是无从考证。现在，唯一有线索的只有大戏曲家马致远的故居。在京西门头沟区王平镇的韭园村西落坡小山村内，有一元代古居，村民们世代相传说这里就是马致远故居。而这所古居的产权也正为马致远的后人所有。

马致远故居在西落坡村的一条南北向的街道上，坐西朝东，是一座四合院。院子很大，西北东南四面都有房间，共17间。过去因长久没人居住，破旧得很厉害，院内野草丛生，杂物横陈。如今该村在王平镇有关部门的领导下，已复修了马致远故居，并以马致远故居为龙头，发展旅游事业。现在村里很多地方都以马致远的名曲《天净沙·秋思》中的佳句："枯藤老树昏鸦，小桥流水人家。古道西风瘦马，夕阳西下，断肠人在天涯"，尤其是"小桥流水人家"的意境改造村里的环境，修建景点。马致远的《天净沙·秋思》被文人称为"秋思之祖"，成为千古绝唱，也是对京西古道沧桑历史的写照。

据《中国文学史》和其它一些资料记载，马致远（1250~1324）字千里，号东篱。大都（北京）人。他是我国元代时著名大戏曲家，有"姓名香贯满梨园"之称。是当时文学组织"贞元书会"的主要成员，为"元曲四大家"之一，并被尊为"曲状元"，在元代文学史上有极高的声誉。马致远因不满官府的腐败，对劳动人民满怀同情，后隐居山林，过着"酒中仙、尘外客、林中友、曲中游"的生活。他隐居在山林，而这山林在何处并没有任何文字记载。但韭园村的西落坡村却有马致远故居，且村民们世世代代相传这里就是马致远故居，可以看出韭园村人民对马致远这位大戏曲家的热爱。马致远所写《天净沙·秋思》中的景物和他故居门前的景物很相似，在马致远的其它戏曲中也可证明这里就是他的故居。如《元曲三百首》中马致远的《清江引·野兴》，曲句为："西村日长人事少，一个新蝉噪。恰待葵花开，又早峰儿闹，高枕上梦随蝶去了"。这西村就应是西落坡村，是对东落坡村而言，东西两村相连。现在马致远故居已被文物部门确定，并于2006~2008年对故居复修，现已对外开放。

复修后的马致远故居，其门口为"小桥流水"的景观。小桥为汉白玉石的小桥，桥西的墙上写着"马致远故居"。进院门后，里边是古香古色的四合院。院正中有马致远的雕像，雕像下写着马致远的生平简介，雕像的背面写着故

⌘ 韭园村的"小桥流水"

居复修的经过。院内分三个展室,西展室五间,展室的内容主要是介绍我国元代时大都城的戏剧、元曲四大家的雕像、马致远的主要著作,如剧本《汉宫秋》、《青衫泪》、《荐福碑》和大量的元曲等;北展室五间为"东篱馆",是马致远的起居房间,其中最西边的一间为卧室,马致远就是在这里写下了大量的元曲;南展室展出了文人墨客书写马致远曲词的书法等,展室正中为马致远抚琴的雕像,伴以纪念馆院中播放的幽雅古琴曲,仿佛马公正在抚琴低吟。最值得一提的是,在南展室的东墙上,悬挂有毛主席手书的马致远《双调夜行船·秋思》一幅,在展室的西墙上,悬挂有毛主席和秘书手书的马致远《天净沙·秋思》各一幅。现在每天都有观众前来纪念馆参观。

韭园村在九龙山脉的环抱中,四周山峦叠翠,树木葱茏,风景幽丽。村中多有清泉,泉水清凉甘甜,是村民的生活用水,还有果树,如柿子、核桃、樱桃、桃、杏、李、枣等。2005年秋,门头沟区政府制定和下发了关于对京西古道的开发规划、保护条例、竖立古迹标志等决定。韭园村非常重视文物保护和旅游,还复修了龙王庙、菩萨庙、三义庙等。村里还新建了一些旅游景点,如在西落坡村马致远故居南边新修建了亭台楼阁、湖水小桥的大花园。过去村里多是客栈,现在已成为民俗旅游招待户。韭园村是北京最美丽的山村之一,游人到韭园古村访古探幽之际,可顺访马致远故居,体会千年西山古道悠悠之情。

(作者张宝贵系职业作家)

梦中的园林

——浅谈《红楼梦》中的造园艺术

文\朱杰　图\方丹

《红楼梦》的书和电视剧小时候就看过，但关心的只是故事的情节和人物的命运。最近听了一堂有关清代私家园林造园艺术的讲座，不禁让我重新翻开《红楼梦》，细细品味书中对大观园精美的园林布景的描绘，惊叹于"造园师"曹雪芹的"造园"理念与审美情趣。大观园虽是曹雪芹创造的纸上园林，存在于曹雪芹的想象之中，但却是曹雪芹心中最理想的园林。

相地立基　因地制宜

明代园林理论家计成在《园冶》中说："故凡造作，必先相地立基，然后定其间进，量其广狭，随曲合方，是在主者。"意思是说造园时，设计者要先相地，据周围环境，因地制宜，设计园林。大观园的相地选址属于傍宅地。所谓傍宅地，就是选用门宅前后的空地造园。《红楼梦》第十六回写贾府准备为元妃建造省亲别院。贾蓉说："从东边一带，借着东府里花园起，至西北，丈量准了，一共三里半大，可以盖造省亲别院了"。第十六回后半部具体写到这样相地的好处：一是宁荣二宅可以连属；二是可以利用会芳园的活水，无须再引；三是可以挪用荣国府旧园中的竹树山石及亭榭栏杆等物，省得许多财力，四是这样造园离宁荣府最近，便于家人团聚，省却贾母等内眷外出的不便和奔波之苦。所以，大观园的相地立基可谓因地制宜，合情合理。

❖ 桃红柳绿

叠山理水　骨魂相应

在造园因素中，山与水当居首位。山是园林的骨架，水则是园林的血脉与灵魂。曹雪芹在营造大观园中有大主山、小主山和小山坡。石山就更多了，而且每一处石山的安排都是用心良苦。比如第十七回写大观园建成之后，贾政率众人与宝玉对额，打开大门，迎面便是"一带叠嶂"，"白石崚嶒，或如鬼怪，或如猛兽，纵横拱立"。众人出亭过池，一面走一面听贾政说话，"倏尔青山斜阻"。步入蘅芜苑，"忽迎面突出插天的大玲珑山石来，四面群绕各式石块。"行至沁芳涧，"或清堂茅舍，或堆石为垣……"可见，大观园既利用了自然山体，也匠心独运地堆叠了众多巧夺天工的山景观，让人叹为观止。

山好还要水妙。没有水，园林就缺少了生机与活力，缺少了血脉与魂魄。因此，造园家们一向重视理水。理水要师法自然，水到渠成。造园家根据不同的地形、环境，营造池塘、湖泊、渊潭、河流、瀑布等形态各异的水体。大观园

被垂柳相衬，被桃杏相依，只见落花在上，不见尘土一粒。她确是大观园的血脉魂魄啊！

⌘ 亭台楼阁

建筑小品　相得益彰

中国古典园林的建筑主要有楼、台、亭、阁、舫、榭、轩、斋等。这些建筑除了自身的实用价值和作园林点缀之外，最重要的在于它们能扩大空间，创造意境，使游览者突破有限，通向无限，从而使游览者对整个宇宙、历史、人生产生一种富有哲理性的感受与领悟。红楼梦中的大观楼背靠大主山，为水所抱。《红楼梦》中描述它："面面琳宫合抱，迢迢复道萦纡。青松拂檐，玉栏绕砌，金辉兽面，彩焕螭头……远望巍峨壮观，与山水浑然一体。"

有人把建筑比作音乐，说她是凝固的音符，而我认为园林就是这些音符组合中最富人文情感和美学意蕴的乐章。正因为园林与中国文化精神的暗合，所以园林常常成为文人寄托精神理想、抒发人生意向的对象，成为他们寓意生活"独善其身"的精神家园。曹雪芹选择了园林作为大观园的载体，大观园也便成为我国古代文学史上园林艺术之集大成者，《红楼梦》更是成为中国古代文学与古典园林最完美的结合。

（作者朱杰系《景观》编辑）

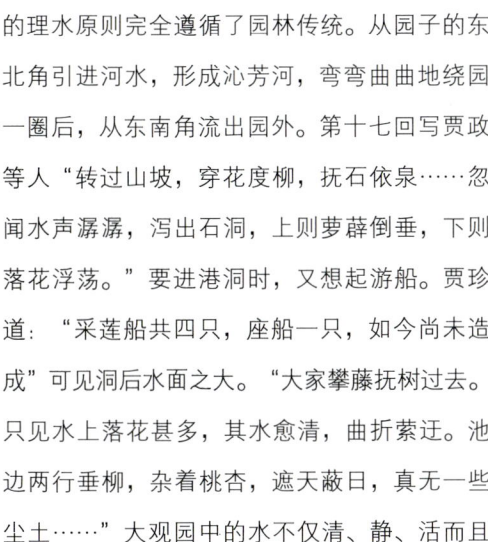

的理水原则完全遵循了园林传统。从园子的东北角引进河水，形成沁芳河，弯弯曲曲地绕园一圈后，从东南角流出园外。第十七回写贾政等人"转过山坡，穿花度柳，抚石依泉……忽闻水声潺潺，泻出石洞，上则萝薜倒垂，下则落花浮荡。"要进港洞时，又想起游船。贾珍道："采莲船共四只，座船一只，如今尚未造成"可见洞后水面之大。"大家攀藤抚树过去。只见水上落花甚多，其水愈清，曲折萦迂。池边两行垂柳，杂着桃杏，遮天蔽日，真无一些尘土……"大观园中的水不仅清、静、活而且

四世同堂说古树

文\赖娜娜

北京中山公园位于天安门西侧，占地23.8公顷。辽代时为都城东北郊的兴国寺，明清时期辟建为皇家社稷坛，现在的五色土就是当年社稷坛时的祭坛，而中山堂为拜殿，是祭祀日遇风雨时行礼之处。中山公园里古木参天，园林精致，是独具中国特色的园林。

中山公园里的古树，以古柏为主，共计602株，占全园古树的99%，其余四株为国槐。柏树围绕着社稷坛种植，规则排列，气势磅礴。每棵古柏都有自己的独特气质，或苍劲、或笔直，按类别可以分为侧柏与桧柏。古柏树冠大小不一，树干粗细不同，分枝各异。老者枝繁叶茂，粗壮安详；壮者生机勃勃，魅力无限；年轻的柏树欣欣向荣，仰望古树。

中山公园的柏树在各个历史时期都有种植，古树粗细不一的说明其树龄的不同。根据树木的体量、粗细、大小，分别为辽代、明代、清代以及近代四个不同历史时期种植的柏树。

根据史料记载和树木的形态特征，柏树按以下标准进行划分：胸径大于150厘米的，为辽柏，是辽代兴国寺遗址前的柏树，现在集中在中山公园社稷坛外南坛环路，由东向西规则排成一行，间距整齐；90～150厘米的为明柏，大部分是明代建造社稷坛时栽种，分散种植于中山公园社稷坛外四周，种植排列规则；胸径50～90厘米的为清柏，主要集中在社稷坛的西北侧，为清朝时所种植，延续了以往的规则排列；而直径为50厘米以下或更细一些的柏树，则为近代种植。历代中山公园的柏树种植，都遵循着一定规律，采用坛庙园林的种植手法，围绕着社稷坛坛墙四周排列规则，整齐对称，株行距统一，其排列形式为：

坛北：东西向9行；

坛东：南北向5行；

坛南：东西向4行；

坛西：西坛门以南南北向5行；

西坛门以北南北向20行。

此外，辽柏或明柏之间，也有一些清柏种植，推测是当时出现空档，为了保持其规则性、完整性，在空档处规则种植，予以补栽。也许在中山公园某一个角落，还可以看到辽柏、明柏、清柏乃至近代栽种的柏树，共同繁荣。辽柏枝繁叶茂，明柏苍劲挺拔，清柏欣欣向荣，近代柏生机勃勃，不同时期的古树映衬着古老的坛庙，焕发着青春，诉说着生命力的旺盛。中山公园的柏树四世同堂，是浓缩的历史，是鲜活的文物。

古树是天人合一、自然和谐的代表，它

中山古柏

中山古柏

们千百年来一直默默地在生态环境中发挥着重要作用，为人类做出巨大贡献。历朝历代对古树的呵护，也使不同年龄的古树留存至今，才有了今天能看到的"四世同堂"，我们一定要守护好这份珍贵遗产。我们赋予古树新的含义和展示方式，保护古树，维护环境，让人们更好地欣赏古树，感受古树，是历史赋予我们的使命。

古树是北京乡土植物的代表，它适应北京的气候环境，多年生长。中山公园中山像后东侧，有一株独具特色的古树，是由侧柏和国槐合二为一形成，称为"槐柏合抱"。其中柏树已经生长了500多年，而槐树则扎根于柏树的空洞中，也生活了200多年。槐树在侧柏的怀抱中茁壮成长，侧柏苍劲稳重，槐树健康活泼，直到后来挣脱侧柏的怀抱直冲云霄。两者同为北京的乡土树种，同为北京的市树，和谐发展，共同繁荣，实为园林奇特景观。

古树是北京园林风貌的代表。古柏群气势恢宏，古槐树比比皆是，遍布北京的园林、寺庙、大街小巷，构成独具京味特色的景观。紫藤绕柏又是中山公园古树的另一大特色。中山公园里的古柏众多，死去的古柏树干依旧苍劲，当年不忍伐除，遂种植紫藤缠绕而上。中山公园种植紫藤从近百年前开始，迄今有些已与柏树齐高，缠满柏树的枯枝死杈，向上生长。古树做支架，紫藤做遮掩，茂密的紫藤枝叶在古柏之上显得生机勃勃，尤其是在紫藤开花的季节，更加显得古朴且繁荣。

古树是中国园林文化的代表。漫步中山公园，春夏秋冬四季皆有不同景观和感受，每年中山公园举办的春花暨郁金香展，凸显中山公园的园林特色：古今中外，融会贯通。千年古树，巍巍峨峨，见证多少沧桑，树下一片片、一群群的郁金香，姹紫嫣红，风华正茂，寄托多少希望。古朴与现代交织融合在一起，对比是那样的强烈，又和谐自然。看那古柏成林，体现了中国园林海纳百川的襟怀；古柏四周，中国传统名花梅花、海棠、桃花、丁香、牡丹、芍药相继盛开，五彩缤纷，大地敞开胸怀包容一切；地上郁金香竞相开放，如锦似绣，充满活力。北京古柏、中国名花、郁金香花海在中山公园构成和谐共荣的园林景观，共同为人类美好的生活增添色彩。

感谢经历千年风雨的古树，让我们触摸历史，感受现在，展望未来。我们和古树生活在一起，既可享受古树的荫凉，也要给古树关心呵护，更要思考古树带来的启迪。古树带给我们对生命的感悟，是文化传承的载体。我们对古树充满敬意与爱意，我们与古树同悲喜。而对古树进行科学有效保护、借古树传承中华民族文化的工作任重而道远。

古树作为古代留下来的活的文物，经历了多年的风雨兴衰，默默屹立，无私奉献，不求索取。我们做人应当学习古树的风格，扎根乡土，适应环境，风吹不倒，雨打不弯，雪压不垮，见证了千年变迁，淡然处之，风骨依旧！这正是北京精神的写照，中华民族精神的象征！

（作者赖娜娜系北京市园林学校校长）

毛泽东在双清别墅与柳亚子谈诗论政

文\唐润

双清别墅

1949年3月25日，毛泽东率领党中央从西柏坡入住香山双清别墅办公。在这里，毛泽东废寝忘食、夜日以继地工作。他指挥了百万雄师过大江摧毁蒋家王朝以及解放全中国的伟大战役；筹划召开新的政治协商会议；制订建设新中国的大政方针等。同时，毛泽东还在百忙中接见了各民主党派的领导人和众多爱国民主人士、爱国华侨等。其中，柳亚子先生就是毛泽东在此接见的一位忠贞的爱国民主人士、杰出的革命诗人。这也是毛泽东到北平之后第三

景观·见心斋

他在后来的几十年革命生涯中,无论是十年国内革命战争,还是八年抗日战争以及三年解放战争中,都始终不渝地与中国共产党站在一起,同中国共产党人结下了深厚的友谊,成为中国共产党的忠实朋友。特别是他与毛主席的诚挚友情和金石之交,常以独特的诗词唱酬方式表达出来,堪为美谈和绝唱。

1949年3月中旬,柳亚子先生受毛泽东主席特邀来北平共商国家大事。来北平不久,先生就提出去香山碧云寺拜谒孙中山先生衣冠冢,以了却他多年的夙愿。但因北平刚刚解放,特务破坏活动时有发生,再加上通往西郊的道路坑洼不平等情况,毛主席和党中央出于对先生安全的考虑,婉言谢绝了,但答应待北平治安情况好转,立刻派车接先生前往。

一个多月后,即1949年5月5日上午,毛泽东主席派秘书田家英率卫士、摄影人员等若干人,开车到颐和园益寿堂,接柳亚子夫妇及其亲属到香山碧云寺拜谒孙中山先生衣冠冢,实现了先生多年的夙愿。毛泽东主席选择这一天是精心考虑过的。是日,是孙中山先生在广州就任大总统的纪念日,又是马克思诞辰之日。这是多么有意义的日子啊!从中可以看出,毛泽东主席是多么尊敬孙中山先生和珍视同柳亚子先生的友谊啊!也可以看出他又是多么敬佩马克思及其伟大思想,表明了中国共产党在此后的社会主义革命和建设中,将继续坚持和发展马克思主义学说。

在拜谒完孙中山先生的衣冠冢,并与看护孙中山先生灵堂的工作人员合影之后,柳亚子先生接受毛泽东主席的邀请来到双清别墅。毛泽东主席早已在别墅门外等候多时,看见先生下车,赶紧前去搀扶,请到屋内客厅,设宴招

次(前两次在颐和园益寿堂)与先生谈古论今、谈诗论政。

柳亚子早年追随孙中山先生,是孙中山先生提出的"三民主义"主张和"联俄、联共、扶助农工"的三大政策的坚定拥护者和实践者。

西山红叶

待柳亚子先生一行。作陪的有朱德、田家英等，主客共9人。在大家互相问候坐定之后，毛主席笑着说："今天欢聚一堂，吃个便餐，只谈诗不论政。"说完，立刻起身举杯相祝，两位老朋友推杯换盏，格外高兴。柳亚子先生代表家人感谢主席盛情款待，并为庆贺中国人民解放军攻克南京、捣毁蒋家王朝的伟大胜利而干杯。然后，两位挚友兴趣盎然地谈论起诗词来。主席首先吟出南朝诗人谢灵运《登池上楼》中的一名句"池塘生春草"，接着又吟咏出隋代诗人薛道衡《昔昔盐》中的"空梁落燕泥"诗句，之后又朗诵了苏轼《惠崇春江晚景二首》中的"竹外桃花两三枝，春江水暖鸭先知"这传诵千古的名句。柳亚子先生一边附会，一边颔首微笑，陶醉在美妙的意境中，并一再称赞主席的记性好。在座的其他人看着两位朋友高兴的样子，无不欢畅，拍手称快。

在毛主席与柳亚子先生谈论诗词之际，先生将话题一转谈起了孙中山与毛泽东的关系。先生说："孙中山的事业，是由毛主席继承的。你和孙总理的关系，不是跟列宁和斯大林的关系有些近似吗？"毛主席沉思一下说："大概不尽相同吧！"柳亚子先生说："不尽相同是对的，我也只说近似，没有敢讲完全相同，……当然就形式而言，是有不同的地方。比如，列宁是联共的领袖，斯大林也是联共的领袖，是一脉相承名副其实的。而你和孙总理的关系，却不能相提并论了。所以我最初说的是近似，而不敢说相同。假定是相同，那也是精神的相同，而并不是形式上的相同，你以为如何？"这一席话把毛泽东逗笑了。毛泽东说："苏联挂起照片来，一个死人加上一个活人（指列宁和斯大林）；我们挂起照片来，也是一个死人加上一个活人（指孙中山和毛泽东），那也算是相同的一点吧！"话音一落，大家哈哈大笑起来。笑声过后，毛主席对柳亚子先生说："全国即将解放了，我们诚心诚意地欢迎你参加革命工作。"先生听了主席的话万分感动，频频点头，表示谢忱，并当场作了两首律诗表达自己的兴奋、快乐的心情。在首律中有"卡尔中山两未忘，斯毛并列战玄黄。……腾欢今日新天地，澎湃潮流沸海江"；第二首云："谈艺谈兵肯两忘，座中人物敢雌黄……老夫最喜葡萄酿，恨不诗肠化大江。"此种情真意畅的心情，还在这两首敬呈的律诗小序中流露出来"……谈诗论政，言笑极欢。自揆出生六十三龄，平生未有此乐也！"

临别时，柳亚子先生拿出一本《羿楼纪念册》，恳请毛泽东主席题词。主席双手接过纪念册，欣然挥毫，把上述所吟的四句诗题写上去：

池塘生春草，空梁落燕泥。

竹外桃花两三枝，春江水暖鸭先知。

毛主席将三位不同朝代诗人的千古名句，连成一首集句诗，别具一格，读来一点斧凿的痕迹也没有，犹出一人之手，浑然天成。柳亚子先生是我国近现代著名诗人，曾被郭沫若和茅盾分别称为我国近代"屈原"和"诗圣"。因此，当毛主席要给先生的纪念册上题词时，如果单写一首律诗或题写一首旧作，或题几句豪言壮语，恐怕都不适合。于是，毛主席才以独特的风格题写了上面四句诗，可谓情景交融，饶有余味，寓意深刻。这首集句诗充分表达了寒冬即将逝去，春天即将来临的情景，表达了中国人民的伟大革命事业即将取得全面胜利，中华人民共和国即将诞生的喜悦和兴奋。

当毛主席将题写的《羿楼纪念册》递给柳亚子时，先生噙泪用双手接过来，久久仰望着主席，连连点头以示谢意。此刻已是下午3时，柳亚子先生握着主席的手说："不早了，请主席休息吧，感谢你在百忙中来宴请我们。"说完，先生就往外迈步，主席忙向前搀扶先生走出客厅，慢慢地向别墅门外走去，边走边谈，笑声朗朗。走到车前，主席小心地扶先生上车坐稳，直到车启动时两位挚友才挥手惜别。

先生回到颐和园益寿堂住处几天后，仍然十分兴奋和激动。他想起了毛主席请他参加政府工作的肺腑之言，想起了主席盛情款待以及礼贤下士的举止，不由得再次说道："自揆六十三龄，平生未有此乐也！"接着他又伏案挥洒了四首律诗。在诗的小序中言道："余忝属孙先生之信徒，又为毛主席之挚友，今日之游，悲喜交集，岂能无所言说哉！感慨淋漓，逐成四律。"

柳亚子与毛泽东的友谊始于第一次国共合作时期。在"阔别羊城十九秋"之后，两位老朋友又"重逢握手喜渝州"。后来，在中华人民共和国成立前夕，先生受毛泽东之邀从香港来到北平，"二十三年三握手，陵夷谷换到今兹。"可见，柳亚子与毛泽东的交情达到了"行合趋同，千里相从"、"同声相应，同气相求"、"志同而气合"的地步！

（作者唐润系首都师范大学教授）

陶然亭命名之考究

文\王琳琳

陶然亭公园建于 1952 年，是一座融古典建筑和现代造园艺术为一体的、以突出中华民族"亭文化"为主要内容的历史文化名园，是国家级 AAAA 景区（点）、北京市精品公园。全园占地面积 56.56 公顷，其中水面积为 16.15 公顷。公园内古刹慈悲庵内有建于清朝康熙年间的陶然亭，为清代四大名亭之一，颇受文人墨客的青睐，被誉为"周侯藉卉之所，右军修禊之地"，公园也因此得名。

根据清朝乾隆年间钦定《日下旧闻考》一书中所记载陶然亭石刻《江藻陶然吟并引》内容：

"京東南隅有慈悲庵，居南廠之中。康熙乙亥歲，餘以工部郎官監督廠事，公餘清暇，登臨覽觀，得至其地……因構小軒於庵之西偏。偶憶白樂天有一醉一陶然之句，餘雖不飲酒，然來此亦複有心醉者，遂顏曰陶然，……"

由此内容可知，陶然亭修建于清朝康熙三十四年（1695 年），修建人为时任工部郎中的江藻，其当时在今黑窑厂即明代制造砖瓦之地督办窑厂事宜，因比邻慈悲庵，所以常有游览，于是建小轩于慈悲庵西偏，并引唐朝白居易《与梦得沽酒闲饮且约后期》一诗起名"陶然"。

据现有文献记载可知陶然亭所在的慈悲庵为元代所建,慈悲庵前院观音殿殿廊东侧曾有康熙年间宛平人田种玉所撰《重修黑窑厂观音庵碑记》,此碑文革期间被毁。根据清朝乾隆年间钦定《日下旧闻考》一书中记载内容:"慈悲庵,康熙二年重修,侍讀北平田種玉碑謂創於元,沿於明,則招提勝境由來舊矣。碑曰觀音庵,而壁間工部郎中漢陽江藻石刻詩序則曰慈悲,殆一庵而二名也。"由此记载可知,慈悲庵创建于元代,清康熙二年重修,当时名为观音庵,而江藻于康熙三十四年在此建陶然亭时所作诗序则称为慈悲庵,实指一处庙宇。

现存的许多清朝文献中均有对慈悲庵内陶然亭修建及命名的记载,从康熙年间到晚清均有提及。

现存古籍中最早提到陶然亭修建年代和修建人的古籍为清朝乾隆年间钦定《日下旧闻考》一书。《日下旧闻》(朱彝尊撰,成书于康熙二十六年)中并无对陶然亭的记录,而乾隆年间对其予以修订的《日下旧闻考》一书中有所增补,其中原文抄录万光泰《柘坡居士集》中所记内容,原文如下:"陶然亭,康熙乙亥江郎中藻所建。取白居易更待菊黃家釀熟,共君一醉一陶然。"

成书于清朝乾隆年间,吴长元编辑的《宸垣识略》一书对陶然亭记载为:"陶然亭,康熙乙亥江郎中藻所建,取白居易詩,更待菊黃家釀熟,與君一醉一陶然。今士大夫恒于此讌集焉。"由此内容可知,建于康熙年间的陶然亭在乾隆时期分外热闹,士大夫总是在此处集会赋诗,歌吟唱诵。

成书于光绪年间的《光绪顺天府志》为光绪初年顺天府官方聘请名家缪荃孙等修纂而成的,其中记载清代戴璐《藤阴杂记》中对于陶然亭的介绍:"陶然亭又名江亭,有記勒石,百餘年來,遂为城南殤詠之地。"由此可见,地处宣南地区的陶然亭自康熙年间建成后的百余年,已成为文人、士大夫雅集之所。"

除以上三本古籍记载外,慈悲庵内还有一统石碑,上刻《重修黑窑厂慈悲院碑记》,为晚清人步青云于光绪二十三年撰并书,其中提到陶然亭:"……其(慈悲庵)內陶然亭康熙間部郎江藻建,取白香山更待菊黃家釀熟,與君一醉一陶然之句以名之,又名江亭……"

由上述内容可确认,陶然亭确实建于清朝康熙三十四年,修建人为时任工部郎中的官员江藻,并以白居易《与梦得沽酒闲饮且约后期》一诗为其命名。从中也可以看出,对于引用诗句的记载内容略有不同,这给公园史志研究和向游人介绍陶然亭历史带来了一定的问题,有待进一步深入考究。

"陶然"二字考究

通过上文所述,可知陶然亭之"陶然"二字确实引自白居易诗歌,但清朝古籍及碑碣记载的诗句与现在通行《全唐诗》等正式出版物中的该诗句存在一定差异,为确保史实的正确与科学性,还需充分考究,以求更为严谨。

《与梦得沽酒闲饮且约后期》:"少时犹不忧生计,老后谁能惜酒钱?共把十千沽一斗,相看七十欠三年。闲征雅令穷经史,醉听清吟胜管弦。更待菊黃家酝熟,共君一醉一陶然。"为唐代诗人白居易所作,写于唐文宗开成三年(公元838年),当时白居易以太子少傅分司东都洛阳,为白居易写给晚年诗友刘禹锡的唱和诗。白居易和刘禹锡两人同庚,晚年更是成

为挚友，写有二百余首唱和诗。陈寅恪说："乐天一生之诗友，前半期为元微之，后半期为刘梦得。"江藻援引"陶然"二字的《与梦得沽酒闲饮且约后期》一诗即为晚年白居易写给当时同在东都洛阳任闲职的刘禹锡的唱和诗，此期间为刘白二人有记载的最后一次相聚并且是时间最长的一次相聚，为开成元年（公元836年）至会昌二年（公元842年），直至刘禹锡去世，共六年时间。在最后的几年里，任闲职的二人时常聚集在一起无拘无束地做起"醉先生"，尽管衰老、疾病同时袭来，诗歌创作大幅度下降，但刘、白二集今天仍留下50多篇唱和诗作。正如诗中所说，白居易作诗时两人已经同为67岁的老翁，在经历了数十年宦海沉浮和政治跌挫之后，二人能够不避党争之嫌，怡情适性地自在唱和，因此本诗作是在闲时饮酒之时所作，整体格律自然、大气、洒脱。以《全唐诗》、《全唐文》为底本的《白居易集》和其他相关唐诗正式出版物中，《与梦得沽酒闲饮且约后期》一诗最后一联均记载为："更待菊黄家酝熟，共君一醉一陶然。"这与前文《日下旧闻考》、《宸垣识略》和《重修黑窑厂慈悲院碑记》中所提及的诗句有所差别，主要表现在两个字上，

"酝"和"釀"，"共"和"與"，其中清朝文献及碑碣均使用"釀"字，而《宸垣识略》和《重修黑窑厂慈悲院碑记》中使用"與"字，究竟为何，还有待进一步甄别。"酝"、"釀"之辩 "酝"为《说文解字》十四卷酉部，"酝，釀也。""釀"为《说文解字》十四卷酉部，"釀，酝也，做酒曰釀。"由此可知，"酝"与"釀"实为一个意思，在此皆为酒之意，虽字不同但实际所指为一物。清朝文献和碑碣中所录"釀"实际与现今《白居易集》和其他相关唐诗正式出版物中的"酝"相同，分析可能是这二字在古人使用时可互通使用，并无大不同。

"共"、"与"之辩

"共"为《说文解字》三卷共部，"共，同也。""與"同"与"，为《说文解字》三卷勺部，"同舉。与，赐予也，一勺焉与。"由此可知，"共"字在此可表达"同"的意思，在诗文中即是指白居易同刘禹锡一醉一陶然。"與"在《说文解字》中并无"同"之意，在《康熙字典》中虽然录入了其他许多意义，但也没有明确提到"同"的意思，因此分析"與"在

日常生活中也可做"同"讲，但是其表达"同"的意思可能出现在"共"之后，唐诗文本中使用皆为"共"，再乾隆年间钦定的《日下旧闻考》中所用为"共"，故分析认为《宸垣识略》和《重修黑窑厂慈悲院碑记》中所录"舆"字存在偏颇，可能为记录时较为随意，只是表达了相同的意思，而没有做到字字斟酌。

另有部分诗人认为《与梦得沽酒闲饮且约后期》一诗中重复出现"共"字与诗歌韵律不符，也与白居易大诗人的身份不符，更倾向于"与"字。诚然，诗歌都有其自身的格律，但这并不能作为否定诗中出现同样字的理由。首先此诗歌为唱和诗，为诗人饮酒后所作，诗文清新、自然，赋体格律而不显板滞；其次，本首诗歌中还同时出现了"醉"和"一"字，在白居易非常著名的《赋得古原草送别》一诗中也重复使用了"一"和"又"字，在这首对格律要求严格的应考之作中作者尚且重复用字，那么在友人聚会的唱和诗中出现重复的字更是十分正常的现象，因此认为不能以此作为否定"共"而肯定"舆"的理由。

根据上述分析，可知古人"酤"和"酿"通用，均表达酒的意思，而"舆"则有可能是后人在记录中没能详加斟酌，有所偏颇导致的。虽然在介绍陶然亭时这两种不同的说法均有所使用，但为了能够做到更加科学、严谨，还应予以统一，采用一种最为恰当的说法。对于陶然亭命名的介绍，不仅是公园史志研究的一方面，同时还是向大众宣传、展示陶然亭历史的重要内容之一，也符合公园"文化建园"，深入挖掘公园文化内涵的指导方针。因此应注重诗句与现今正式书籍中唐诗诗句的契合和衔接，做到科学的统一，在介绍过程中使用正式书籍中该诗句的内容，即"更待菊黄家酿熟，共君一醉一陶然。"以避免因此给游客带来不必要的困惑。

当然，在研究公园史志的时候，文中所提到的清朝文献和碑碣都是不可多得的资料，对于研究我园，特别是陶然亭的历史有很大的帮助，因此对于文献和碑碣中的记载也不能因与唐诗诗句略有不符而全盘否定，而是要在当时的历史环境和人文条件下全面地看待所记载的内容。这些内容对于了解、挖掘我园史志有很重要的作用，在今后使用提及时，

应该适当地予以指出和说明，在引用记载内容的同时，对引用的文献和碑碣加以介绍，这样既可以为游客提供更为丰富、多样的公园史志内容，也可以帮助研究者梳理和归纳我园史志研究内容，从而更好地向"文化建园"、深入挖掘公园历史文化、提升公园文化内涵的方向推动陶然亭公园的文化建设，打造一流公园，树立精品公园。

（作者王琳琳系陶然亭公园园艺队职工）

慈禧祭祖

❀ 慈禧太后祖庙

文图\贾福林

大清光绪二十七年秋天的一天，在北京西郊海淀的颐和园，大清早，大门里里外外就有许多人悄悄地忙碌了起来。不一会，只见銮仪卫护兵围拢着两顶大轿，一前一后，缓缓走出。

坐在松软舒适的轿子里的慈禧太后和光绪皇帝，这会儿心里都没闲着。话说前年，也就是1900年8月14日，英、美、德、意、日、法、俄、奥等八国的洋鬼子，用洋枪洋炮，攻破了大沽口，

杀进了北京城。北京城里一片火海、一片血海，紫禁城、颐和园被劫掠，圆明园被再次劫掠焚烧。中国"自元、明以来之积蓄，上自典章文物，下至国宝奇珍，扫地遂尽。"8月15日一大清早，慈禧太后见大势不妙，带着光绪帝和一批王公贵族，化装成农妇仓皇地逃跑，历经70天、行程数千里，在10月26日到达了西安。

跑到了西安以后。慈禧太后一边下令清军

斩杀义和团，一边命李鸿章为议和大臣。1901年9月7日签订了丧权辱国的《辛丑条约》，讨得了洋人的欢心，北京城暂时平静下来。她惊魂稍定，就决定动身返回北京。

在返京途中，河南巡抚松寿瞅准拍慈禧马屁的好机会说："开封有一座古刹相国寺，佛祖菩萨，极为灵验，有求必应，太后何不前去敬香礼佛，保佑大清平安？"慈禧本来就信佛，一听这个建议，马上决定带着光绪皇帝和众位随行的大臣，去相国寺降香礼佛，祈求佛祖保佑。

这天上午，慈禧太后来到相国寺，按照佛礼恭敬地进香，然后和相国寺的住持谈话。住持大和尚对慈禧太后和皇帝陛下前来礼佛表示万分感谢，但还跟太后说了一番意味深长的话。高僧说："佛佑天下众生，当然包括大清皇室和大清的江山。但中国历朝首重敬天法祖，请别忘期求祖先的保佑啊！"慈禧太后说："高僧说得正是，朝廷因战乱暂避西安，太庙的祭祀被迫停止，这是对祖先的大不敬啊。回京后皇上会立即到太庙告祭，到孟秋、年底大祭，一定隆重进行。"住持说："正是。但太后需再加思量。"一听此言，慈禧太后十分诧异："一切按照祖制祭祖，难道还不够吗？"住持说道："恕我无罪，太庙皇帝，乃爱新觉罗。但目前太后垂帘听政，你自己的祖先是不是受到冷落了呢？"慈禧一听此言，心中不悦。但转念一想，和尚说得不错。我现在是大清实际的皇帝，怎么能只祭祀爱新觉罗的祖先，而忘记祭祀自己那拉氏的祖先呢！自己的祖先恼怒生气，怎能保佑自己的统治呢！不愧为高僧。她转怒为喜。心想："此番相国寺来对了。"

1902年1月8日，慈禧太后回到北京后，赶紧修缮颐和园，从此长期居住在颐和园。夜深人静的时候，她的耳边经常想起相国寺住持的话。但她一想起回家祭祖，路途遥远，心里就发憷。这回逃到西安，遭了多大的罪啊。回东北祭祖，那就更辛苦啦！

慈禧太后经常苦苦地思索这个问题。一天夜里，她又做了一个噩梦，梦见几个面目狰狞的长毛士兵，用洋枪对着她狞笑，叽里咕噜地狂喊，他们想让她的脑袋开花。她吓坏了，拼命地呼叫，可连一个将军和侍卫的影子都见不着。正在这时，只见不知何处冲出一条汉子，手持鱼叉，噌、噌、噌，几下就叉死了洋鬼子兵，救了她。

慈禧太后醒来以后，不知救自己的是何人。第二天她和大臣们说起这个噩梦。大臣们根据她描述的模样，都认为救老佛爷的人不是别人，而是那拉氏的老祖宗显灵。

慈禧太后终于明白了，噩梦印证了开封大相国寺老方丈的话，看来是天意啊！这是祖先在召唤她回乡祭祖啊。只要能保住大清的江山社稷，即使是长途跋涉，即使是辛苦，也要回乡祭祖。

大臣们默不做声。沉寂了一会，大学士恽毓鼎表态说："臣愿意陪同老佛爷拜祭先祖"。慈禧一看，是学究恽翰林。他的支持实属正常。深厚的儒家学养，造就了他的正统精神，祭祖的礼仪他也是最熟悉不过的了。此时，慈禧的决定已经是"开弓没有回头箭"了。于是，她说道："好吧，你全权准备，择日启程吧。"

"太后，请慎行。"有人出面反对了，是庆郡王奕劻。他反对的理由是：太后凤体珍贵，不宜劳累。礼仪当以国事为重，派人恭代即可。

恽毓鼎完全理解慈禧太后回乡祭祖的目的。他坚持说："太后从未祭祀过自己的先祖，现在大清危难之际，拜祭祖先，为江山社稷和黎民百姓祈福，报我大清国势昌运，实为重要，亦且必要，不可不祭，亦不宜恭代。《左传》云：国之大事，在祀与戎。岂有首次祭祀即派人恭代之理。"

奕劻有些愤怒，刚要发怒，只见慈禧太后一摆手说道："恽学士言之有理，就依此吧！"

"太后，臣尚未说完，请王爷放心，绝不会让太后劳累。祭祀老佛爷的祖先，不必返回东北老家，在京城即可。"

"啊！"恽毓鼎的话让慈禧太后、让奕劻王爷和在场的所有人都惊诧不已。

慈禧太后说到："恽学究一向老成持重，今日所言让大伙不解，祭祖的大事，如若乱讲，破坏祖制，扰乱朝纲，可是杀头之罪啊！"

只见恽毓鼎不慌不忙，一字一板地说到："大家有所不知，出颐和园往北20里地，即是康熙大学士明珠的老宅。"

恽毓鼎看出了太后和大家的疑惑，继续说道："明珠乃康熙朝大学士纳兰明珠，他的祖上是那拉氏。那拉即为'那喇'，是女真话，翻译成汉语是'太阳'的意思。原是前金贵族的姓氏。《金史·列传五八》记载：'金之徒单、懒、唐括、蒲察、裴满、纥石烈、仆散、皆贵族也。天子娶后必于是，公主下嫁必于是'。金太祖阿骨打的母亲翼简皇后就是懒氏。金代所说的'喇'，明时改译为纳懒，亦即纳兰。清代初年，叶赫那拉部，叶赫国主金台石的次子尼迓韩以军功被封为四等爵骑都尉，世袭罔替。'从龙入关'，赐封土地。纳兰明珠就是尼迓韩的儿子。明珠任大学士后，扩建府第花园，并将东北老家的祖茔迁移到此，因此，这里成为那拉氏祖茔之地。同时，明珠将唐代所建的东岳庙买下，辟为祖庙，供奉那拉氏的列祖列宗。所以，慈禧太后的祖庙早在200多年前就在京城了。如今此处是海淀上庄皂甲村那拉氏祖庙祭祖。"恽毓鼎的解释，终于让大伙听明白了。

这天这浩浩荡荡的队伍，正是慈禧太后和光绪皇帝，去上庄皂甲村那拉氏祖庙祭祖。

慈禧太后和光绪皇帝在一座汉白玉石桥前下轿。她仔细欣赏着这座古老的庙宇。这上庄皂甲村的叶赫那拉氏族祖庙，原是唐代古刹东岳庙。虽然经过历代的修缮，但是还明显保持着唐代建筑的特征。山门前一片开阔，跨过一座汉白玉石桥，仰看一座华美的牌楼，踏上22级台阶，进入山门，前院左右是钟楼和鼓楼，中间是前殿，汉白玉雕龙拱券大门，门上石匾刻字："瞻岱之门"，表明了此庙原来的身份。二院正中是有唐代遗风单檐短脊庑殿顶的大殿，气势恢弘，具有皇家建筑的规格，所不同的是灰色瓦顶，不是琉璃瓦。整个家庙掩映在绿树之中，神秘而又庄严。

叶赫那拉的列祖列宗牌位和影像平日供奉在西转角面阔五楹的配殿。这就是清入关后叶赫那拉氏之祖庙，是纳兰后人祭祀祖先之地。这天一早已经用龙凤椅恭请到大殿，按照昭穆的顺序排放好。祭品早已准备停当。太牢三牲，笾豆案、香几、祝案、拜垫都摆放得标准规整。皇家的礼乐、仪仗也列队完成。

为了祭祀祖宗，昨天一天，慈禧太后和光绪皇帝还有随行的大臣就进入斋戒。现在正式的祭祖仪式开始了，一切礼仪程序按照皇家太庙的规格进行。经过纷繁复杂的程序，慈禧太后和光绪皇帝带领着随行大臣，向列祖列宗行三跪九叩大礼，乐队演奏雅乐，文舞和武舞交替进行，最后焚烧祝版和玉帛。整整一个上午，这里乐声悠扬，香烟缭绕，成为这座家庙最辉煌的时刻。

看着燎炉焚烧祝版和玉帛袅袅升起的青烟，带着自己的崇敬和祈祷，飘向了蔚蓝的天空，慈禧太后的愿望得到了极大的满足，对祖先的愧疚感也消弭了很多，对大清的前途似乎也增加了一些信心。

祭祖仪式结束以后，慈禧太后和光绪皇帝回到颐和园，煞有介事地下诏说，要"联固邦交，修明内政，兴利革弊，君臣上下，同心协力，切实讲求"。但是，实际上清朝朝廷腐败无能，中国像一块肥肉，列强侵略瓜分，继续上演着一幕幕中华民族的悲剧，使古老而偌大的中国，一步步沦为半封建、半殖民地社会，中国人民陷入了水深火热之中。

据民间传说，慈禧太后祭祀叶赫那拉先祖的这一天，是公元1902年8月14日，正是她出逃西安两周年的日子。这不是巧合，而是显露了慈禧太后祭祀叶赫那拉氏族先祖的特殊意义。据说年迈的慈禧后来又一次来这里祭祖，祈求祖先的护佑。祖先的在天之灵虽然没能给清朝带来丝毫帮助，但是，给慈禧太后的心灵带来了最后的慰藉。

今天，北京海淀上庄皂甲村这座古老的东岳庙兼叶赫那拉氏家庙，已经作为珍贵的文化遗产，得到了重视和保护。

（作者贾福林系劳动人民文化宫研究室主任）

祖庙山门

⌘ 祈年殿瑞雪

摄影作者简介

董亚力，供职于北京市天坛公园，1998年偶然接触摄影后深深地被摄影独特魅力所吸引，从此一发不可收拾。几年来作品多次被《大众摄影》、《数码摄影》等杂志刊用，曾代表北京职工参加京、港、澳职工书画摄影展并入选画册；作品曾获北京市公园管理中心摄影比赛一等奖，并多次在市总工会影展中展出。近年来以天坛为拍摄题材，拍摄了大量照片，力求从另一角度为首都公园建设做贡献。

摄影感言：世界从来不缺少美，缺少的是能发现美的眼睛。

景观·方壶胜境

✤ 皇帝出宫

✤ 柱影叠廊

✤ 北京欢迎您

景观·方壶胜境

⌘ 灵岳寺大雄宝殿

古刹探秘

文图\天穹

2009年冬天,我和北京民间文艺家协会的同志一行7人到门头沟斋堂考察了门头沟3座著名元代古寺之一的灵岳寺。

灵岳寺坐落在一处较大的山间平地上,寺庙坐北朝南,北部有山峦衬托,从风水学角度来说,不失为一块风水宝地。

寺庙经过修整,干净整齐,寺前有棵较粗的槐树,十分高大,粗得可以两人合抱,估计年代应该与元代的寺庙差不多。灵岳寺现余两进建筑,中轴线上是山门、天王殿、大雄宝殿,左右都有配殿,大雄宝殿的后面有一块空地,不知原来还有建筑否?再后是围墙,围墙与后边的山还有很远的距离。在寺庙的西边有一些农家建筑,人虽然搬迁了,但是房屋还在。

景观·远瀛观

　　山门的两边各有3间倒座的房间，这些房间涂成黄褐色，与明清的寺庙涂成深红色有很大差异。山门的门口矗立着北京市文物局2003年12月公布、2006年6月立的文物保护单位的碑。

　　进入山门，迎面而来的便是天王殿。天王殿在几层台阶上，有4扇可以开合的门，下边有裙板，上边是窗棂的门扇。这种形式别具特色，而最能体现元代建筑风格的还在4扇门上、房檐之下的3个类似斗拱的形式，这种形式是否就是元代建筑独特的斗拱风格呢？与明清古建之斗拱差异极大，看来只有古建专家才能解答我们的疑问。让我们大开眼界的是天王殿悬山山墙，这是典型的元代风格，在燕京八景之一"蓟门烟树"复原的古建筑就是这样的悬山形式，只不过这里是真正的原汁原味的元代古建筑，只因身处门头沟深山区，因而得到了保护。看来闭塞或者地理环境差，使一般人无法到达，对于古建筑而言，倒是一种绝好的保护方法，这也是这座元代古寺庙保存至今依然完好的原因之一。

　　天王殿内已经什么天王也不存在了，墙壁上留下隐约可见的壁画，兴许还是元代的壁画，只是无法进入。绕过天王殿到此寺最重要的大殿大雄宝殿，简直是太雄伟了！殿顶为我国古代建筑等级中最高的庑殿顶，它最显著的特点就是四大坡的形式。

　　大雄宝殿开脸为3间形式，外带檐廊，但是建筑高大，因而显得很是雄伟，中间是4扇窗门，两边各有4扇窗棂，形式独特，这种窗棂形式又与大觉寺的大雄宝殿有些类似的地方。我围着大雄宝殿转了一周，发现此种斗拱形式确实独特，前边的斗拱还可以清晰地看出木头上的彩画已经脱落得很严重，大殿后边的斗拱

⌘ 斗拱与彩绘

已经一点也看不出彩画，甚至在岁月侵蚀与风化下，斗拱露出了木质本色。倘若按照元初翻建此寺，11世纪初距今已经800余年了，它已饱经八百载风霜。

　　庆幸的是大雄宝殿的大门是可以打开的，这让我们开了眼界。大殿内相当宽敞，什么东西也没有，大殿的梁架可以一览无余，清晰地看到它的结构。虽然梁架的彩画已经脱落，但依稀还能看出以前使用的天然颜料。倘若此寺不被清理出来，恐怕今日也难一睹芳容，遗憾的是如此宽阔的墙壁原来的壁画已经没有留下任何痕迹了。而西厢房包括天王殿内，还可以

❖ 依稀可辨的壁画

❖ 元代柱石

看出壁画的痕迹，因而推测大雄宝殿内原来肯定有壁画，倘若留有一壁元代壁画，那么此寺的价值就该另当别论了，即便是在门头沟的深山，恐怕也会引来如潮的人流，这就是文化的魅力。在西厢房的廊子内我们还发现了两边各有一幅壁画，虽然已经风化得很严重，但是依然可以看出人物的大致轮廓。靠北边的那幅多少还能辨别出人物的模样，靠南边的那幅人物线条残缺不全，甚至断线，但是仔细分辨依然可以看出两人物的样子，只是神态有些模糊。这两幅壁画，从人物服饰来看，估计已经不是元代的人物壁画。

除了大殿以外，几乎每间房屋的门全部用铁丝捆住，无法进入，因而无法考证屋内是否还有残存的壁画，这多少让我们有些遗憾。在天王殿的门外看到一件类似柱石的墩子，原来几面都有雕像，只是雕像都被砸伤，已经辨认不出雕像是人还是动物，细看又与元代力士像有些相似之处，雕纹娴熟老道，风格不像明清石刻线条。

走出寺庙远望灵岳寺，此寺虽然规模已算不小，虽然仅仅是两进院落，但是两边的厢房几乎占满全寺的东西两边，估计原来可以容纳不少僧人。这块山间平地面积之大，以至于灵岳寺在如此开阔的山间盆地之中显得如此孤零渺小。我又来到山门前仔细观察，查找一些漏掉的细部，转到寺庙的西侧，西厢房的房脊上似乎有文字，但又辨别不清。在即将离开灵岳寺之前，我在山门前捡到一块琉璃物件，侧面有一个突出于璧面的堆塑，难道这是元代的擦擦佛像一类的东西？似乎又不像，年代应该比较早，几个人分析了半天，谁也没说出个所以然来。这次探访留下了不少未解之谜，让我迫切地想回去查找资料，探究明白。

（作者吴剑群系职业作家）

新版西游记

文\陶鹰 图\陶鹰 朱杰

由北京市公园管理中心主管、北京市公园绿地协会主办的《景观》杂志，经过8年的辛勤探索和实践，走过了一条硕果累累的丰收之路，终于在2012年10月正式面向全国公开发行。为了纪念这一里程碑式的历史性时刻，为了打造一支与正式公开发行的《景观》杂志更加适应的工作队伍，不断提升这支队伍的人文修养、摄影技术和吃苦耐劳精神，2012年深秋，在中国公园协会和北京市公园绿地协会的鼎力支持下，一支由国家级摄影大师随行指导的摄影学习实践小分队从北京出发，到四川西部高原实地考察摄影，以丰富每个队员的精神生活，开阔视野，锻炼意志，提高摄影水平，熏陶爱国情操，淬炼更好服务于《景观》杂志的综合素质。

川西高原位于青藏高原东部，处于中国地理板块上第一级和第二级台阶之间，平均海拔在3500米，最高处贡嘎雪峰达到7556米。海拔高，空气稀薄，人烟稀少，正因为此，那里的原始风光和自然景观得到了很好的保护和利用，其中稻城地区的亚丁风景区被西方人誉为"地球上最后的香格里拉"。亚丁隶属四川西部甘孜藏族自治州，居民以藏族为主。然而，"地球上最后的香格里拉"绝非唾手可得，要想捕捉到"最后的香格里拉"美景，需要承受常人难以承受的艰辛，付出常人难以想象的努力。

在高原上学习摄影，是一种痛苦，也是一种快乐，这支摄影小分队痛并快乐着；在高原上工作生活，是一种苦涩，也是一种甜蜜，这支摄影小分队苦并甜蜜着……

出 发

这是 2012 年一个深秋的日子，一支由芳大姐带队、尧大师率领的摄影小分队在首都机场 3 号航站楼集结。这支队伍一共 8 人，由摄影大师、达人、发烧友、菜鸟组成，还有一位纯粹的观光客——大卫。小分队精悍利索，设备齐全，有"哈苏"相伴大师，有"佳能"相伴达人，有"傻瓜"相伴菜鸟，还有花样繁多的防寒设备和应急药品。

飞机从东北向西南在中国版图上空划过一条长长的斜线，降落在成都双流机场。次日清晨，一个个装备在身，英姿飒爽，怀着朝圣者般的虔诚和壮士赴死般的情怀，一头钻进了拥挤狭小的"奔驰"面包车，向着那片高原，前进。

如果说此行仅仅是摄影之行，那就错了。由于车上有着"快乐酚发源地"——大卫一路上的滔滔不绝，令众队员心情愉悦眼界大开：从中央到地方，从天上到地下，从迁都到选都，从时政到党争，从十七大到十八大，从南水北调到西气东输，从江南 Style 到唱红打黑，从玛雅预言到世界末日，大卫无所不知、无所不晓，直听得菜鸟们目瞪口呆，频频点头，自感受益多多。有鉴于此，大家一致通过决议：此行不仅是行摄之旅，也是一次"学习之旅"。

大卫的演讲感染了身边的人，激发了队员们表现的欲望。一向深沉的尧大师也情不自禁地用极富磁性的男中音，开始回顾多年前川西

高原的一次摄行。那是一次经历了惊心动魄生死考验的摄行，川西高原风云莫测的气候、当地藏医差点夺了人命的藏药、康定医院起死回生的奇迹、重返京城卧床半年的病痛、高大健壮的小伙子一夜之间几近槁木的恐怖……等等，令所有闻者无不倒吸凉气，为尧大师的惊险经历而感慨，为尧大师的幸免于难而庆幸，也为即将要重走尧大师所走之路而感到心惊。紧挨桃大姐而坐的凤大姐，是队伍里的元老，虽过六旬，但是意志不逊而立。坐在最后的小鱼，是一个深沉的人，从不轻易发表任何意见或者见解，但是对摄影，绝对发烧。和大卫一起出行的还有他的发小兆兄。兆兄一路沉默寡言，坚如磐石，散发着极强的气场。他坐在年轻的司机身旁，为这一行激情澎湃的摄友专司旅途安全监督员的职责。有这样一位沉默镇定的"副驾"坐在那里，全体队员可以放放心心沉浸在"学习"之旅的愉悦之中。新婚不久的小蛛，则把好奇的眼光投向窗外。

折 多

惜别康定，已是次日清晨。川西高原还没有现身，但是，它已经开始让 312 国道来预展它那迷人而又冷酷的面目。这是一条经常上央视新闻的道路，不是因为它格外优秀，而是因为它过于恶劣。但凡刮风下雨，它一定要给行路者制造麻烦，如果再遇到大雨冰雪，那它就必定要在央视上露脸。不是山体滑坡梗阻了道路，就是冰雪作祟瘫痪了交通。无论多么资深的司机，只要行驶在这条路上，就像中了魔咒在大海里行船的舵手一样，随时都有可能触礁。

"奔驰"奋力地在312国道上爬坡、下坡，再爬坡、再下坡，一路上尘土飞扬。渐渐地，芳大姐的海拔表上显示，小分队所在高度已经超过了3000米。随着这个宣布，初上高原的小蛛和"快乐酚"，顿时感到心慌气短，只有身经百战的芳大姐和从不畏缩的凤大姐稳如泰山，不露声色。芳大姐手腕上的海拔表指针还在一路爬高，越来越接近4000这个数字。小蛛的脸色开始由白转青，青中还带些许灰色。大卫的演讲也不如昨日那般生动，也不如昨日那般顺畅。于是，安静下来的"奔驰"在沉默中奔驰。这种沉默，与车轮下4700米的高度十分默契。在沉默里，"奔驰"气喘吁吁地翻越著名的折多山，队员们开始领教4700米的高度对平原上的人有着怎样的意味。但这还不是最高，折多山的最高峰达到4900米，这是川藏线上无法回避的高山垭口，是著名的"康巴第一关"，也是汉藏文化的分界线。只有翻过折多山，小分队才能真正进入康巴藏区。

就在"奔驰"奋力翻越折多山之际，坐在桃大姐和凤大姐前面的芳大姐和快乐酚的座椅，开始了莫名其妙地向后旋转，把芳大姐几乎送进了后面桃大姐的怀里。在后排的奋力推送下，座椅回复到原位。但是，过了一会儿，故伎重演，如是三番。终于，在前排座椅第N次向后旋转的同时，一起旋转过来的还有大卫的脸——那是一张让人惊悚的脸：面色蜡黄、瞳孔上翻、嘴唇青紫、肌肉痉挛，与此前那个白白胖胖、笑容可掬的"快乐酚"判若两人。快乐酚就用这样一张脸，死死地对着后排的凤大姐。当时，

坐在凤大姐旁边的桃大姐还以为这位专门制造快乐酚的专家又在使用什么新的伎俩制造新的快乐酚，还以为这才是真正的外星人，正准备与"快乐酚"调侃，但见面如土色的"快乐酚"突然双眼翻白、牙关紧咬，猛地挺直了身体疯狂地抽搐起来！全车陷入短暂的惊愕，以为"快乐酚"把恶作剧升级到了最新版，刷新到了小分队难以接受的程度！如此僵持了10秒钟，桃大姐突然惊呼："他病了！"这一惊呼如同一颗炸弹在车厢中响起，小分队蜂拥而起，立刻投入到救死扶伤的SOS行动之中。芳大姐迅速掏出随身药囊，敏捷地倒出速效救心丸，拼尽全力往"快乐酚"僵硬的嘴里塞；桃大姐凭借依稀尚存的常识，用拇指掐住了"快乐酚"的人中；尧大师原地跳起在狭窄的车厢中奋力为"快乐酚"开辟放平的空间；凤大姐打开了高原救命稻草氧气瓶，给"快乐酚"塞进鼻子，并以元老的资质指挥着人们的抢救行动；小蛛小鱼则呆若木鸡瞪视着眼前这一切；发小兆兄从副驾座位上轰然立起，探过伟岸的身躯，接替桃大姐的使命，用他强健的双手，一手掐人中，一手按压心肺，对发小实施战地抢救……"奔驰"陷入一片混乱。值此关键时刻，元老凤大姐的智慧展示无余，她指挥发小兆兄赶紧给快乐酚家属打电话，报告这一最新最最紧急的情况。兆兄如梦方醒，赶紧掏出手机，拨通号码，远在京城的快乐酚夫人接到了这一十万火急的鸡毛信，没想到夫人不紧不慢地安抚兆兄："不要紧，一会儿就过去。"随后吩咐给大卫吞下安眠药，让他睡去。桃大姐则自言自语："等安眠药过去，快乐酚醒来又是一条好汉！"一切从慌乱渐渐趋于从容。而此刻人事不省的快乐酚青灰着一张圆胖的脸，紧闭着浮肿的双眼，斜歪在拥挤的"奔驰"中，松开了的口齿间响起了如雷的鼾声。尧大师仍拼尽全力在狭小无比的车厢中为已经不再快乐的快乐酚打造"软卧"。堆在车厢后部的行李纷纷跌落，砸在尧大师的身上腿上，但他已经丧失了痛觉，满头大汗和小鱼一起，终于把快乐酚搬到了一条由前后两个单人座椅加一个行李箱搭建而成的"迷你软卧"上。在速效救心丸和安眠药的双重作用下，快乐酚在"软卧"上沉沉睡去。此刻，"奔驰"已经把令人毛骨悚然的折多山渐渐抛向身后，车轮在无比坎坷的312上顽强飞驰，沉重的大卫躺在车厢里的"软卧"上，就如同矿石躺在选矿机上一样不停地跳动。眼前这一幕，加深了整个小分队对川西高原的认识。一种共识产生了：是折多山4900米的海拔，让快乐酚失去了快乐。折多，折多，波折多多！为了纪念这一非凡的经历，全体队员一致通过：这也是一次"急救之旅"。

面对"奔驰"上的"重症监护室",小分队陷入深思:前进还是后退?这个哈姆雷特式的问题凸显在每一个人面前。一边是快乐酚的不省人事,一边是高原绝地的穿越,大家纠结万分:前进,还是后退?终于,果断的芳大姐首先直面了这个问题。于是,大家开始了新一轮讨论,最后达成共识:"鉴于高原对大卫身心造成的巨大伤害,为了确保他的生命安全,显然高海拔地区对他不宜。毕竟,生命是第一要义!"于是,大家一致通过决议:大卫宜在下一个宿营地彻底休整,然后视情况决定,是待在原地等待西行大部队回归,还是后撤到康定或者成都再或者北京。

就这么定了!于是,"奔驰"又一次加大了油门,让全体队员充分认识什么叫"312国道"。后车窗栓子不知什么时候已经被震脱落了,裂开的窗口涌进滚滚灰尘,车厢里乌烟瘴气,队员们几乎窒息。一直坐在车厢最后的小鱼肩负起了手动关窗的职责,只见他平均3分钟就起身去把裂开的窗户拉拢,然后回到座位上,然后再裂开,然后再拉拢,再裂开,再拉

拢……一场旷日持久的拉锯战，在"奔驰"刚刚靠近川西高原的边缘时，正式拉开序幕。不久，靠近凤大姐身边的窗户，也出现了同样的"险情"——凛冽寒风夹带着浓浓尘埃从裂开的窗缝中灌入，直入骨髓。于是，凤大姐也肩负起了与窗户打响拉锯战的使命。坐在行进在312国道上的面包车里，芳大姐喝水时把水灌进了鼻子，小蛛吃饼干时咬到了舌头，小鱼削水果时削到了手指，凤大姐打盹儿时栽在了桃大姐怀里……凡是能够给人制造的麻烦，312都能做到。

在312国道上，几乎每天都会出现的"奇观"是——庄严雄伟、浩浩荡荡的驻藏部队军车车队在这条尘土飞扬的山路上逶迤前行。这支队伍之长，足以将一座大山从山脚到山顶的盘山路全部占领。从之字形盘山路的高层向下瞭望，等距前进的军车队伍把座大山搅和得狼烟四起，可怜了这些小小的面包车，在军车车队掀起的漫天尘土中，瞎子一样地匍匐前进，坐在车里的人饱受粉尘洗礼，一个个悲催得如同采石场归来的工人。

高原缺氧加上乌烟瘴气，终于攻破了小蛛

对磨难的承受底线,他青灰着一张脸有气无力地斜靠在车窗上,仿佛进入了弥留状态。任何安抚在海拔4000多米的高原上都是没有用处的废话,队友们只能眼睁睁地看着小蛛和那个躺在"软卧"上打呼噜的大卫受难。不管怎么说,高原的严酷正一步步逼近,无论怎样保持坚强,小分队每个队员那青紫色的嘴唇和蜡黄的脸,都在不言自明地宣示:高原真正降临。

亚 丁

一路颠沛流离,在天空黑尽之际,"奔驰"气喘吁吁冲进了被群山怀抱的一片灯火之中,这就是日瓦——那个栖身于美丽亚丁脚下的小镇。在这个海拔3000米的小镇上,密布着无数客栈,这就是香巴拉的标记。凡是有仙境的地方,就有客栈,就像黄山,就像丽江,就像九寨沟,就像所有仙境之所在。

天终于放亮,川西高原之行的终极目的地已经抵达!这个意识让每个队员兴奋不已。匆匆吃过简陋的早餐,坐上"奔驰",小分队直扑令人神往的世界"人与生物圈"保护区——亚丁风景区!一路上翻越海拔4300多米的波瓦山,赤土河谷的迷人风光就在脚下,世外桃源般的藏式村落星罗棋布,漫山遍野的白杨沐浴在深秋金色的朝阳下,构成了摄影者眼中最为美丽动人的画面。毫无疑问,这里是尧大师必须驻足的地方。果然,尧大师一声叫停,大家跟随尧大师,像一只只麻雀一样迅速降落在盘山路边,完全顾不得身边呼啸而过的车辆,一起把镜头对准了那些被朝阳染成了金色的杨树——它们在青蓝色的林海背景下,如同一棵棵纯金铸成的圣诞树!许多白杨树已经叶落殆尽,只

剩下了银色的枝干,许许多多银色枝干汇成了一片银色的海洋,在大山蓝调阴影的衬托下,像许许多多纤细的鱼骨立在山坡。正是这些金色的圣诞树和银色的鱼骨,成为了大师在蓝调画布上的创作题材。

穿过密林,越过溪流,亚丁"三圣山"之

一的央迈勇首先进入视野。海拔 6000 多米的仙乃日雪山，静静地端坐在群山之中，就像一朵圣洁的莲花绽放在莲花座上，那么纯洁，那么沉静，让人联想起冰山雪莲。从央迈勇开始，一连串只有亚丁才有的仙境般美丽渐次呈现——卓玛拉措倒映仙乃日雪山，就像牛郎织女彼此凝望，千年痴情不改；金色的落叶松层层叠叠铺满山脚，将纯洁少女般的仙乃日簇拥进自己火热的怀抱；碧绿的湖水涟漪阵阵，把雪山倒影化为碎银一片；五彩经幡在轻风中翻飞，为雪山献上虔诚的祝福；年轻美女在雪山脚下忘情起舞，不知自己身在何处……小分队员震撼了，陶醉

了，每个人带着蜡黄的脸膛和乌青的嘴唇，全身绵软地飘荡在5000米的高处……

时不我待，前方还有美景。惜别仙乃日，队员们拖着沉重无比的双腿，沿着贡嘎银沟抵达了冲古寺。这座屹立在高山丛中的冲古寺，那么古朴，那么沧桑，那么富有历史感。一块镌满藏文的巨石坐守在寺前，向往来的人们诉说着它过往的故事。再往前，小分队员一步一挪地走向洛绒牛场，"三圣山"之三的夏诺多吉神山和央迈勇双双以其5958米的雄姿，屹立在身边，那么威严、壮丽！雪山、森林、冰川、湖泊、溪流、草地、藏寨、炊烟、马匹、经幡、玛尼堆、无边的寂静……这就是川西高原，这就是稻城亚丁！小分队每一个人的心灵与神山圣水一起共鸣，每一个人都尽情沉醉在梦幻之地……

面对雪山，三位大姐双目紧闭，默默祈祷，那份虔诚足以感动上帝；尧大师则与藏族小伙儿谈经论道，提升对藏文化的认识；小鱼潜心钻研摄影，默默走向最远的风景；小蛛则一直弥留在栈道上，让美景来欣赏他。在草原上、在溪流旁、在雪山下、在经幡侧，队员们用镜头记录下这个神圣的日子——在亚丁，在神山圣水之地，大伙儿在这里流连，在这里摄影，在这里感受征服高原的胜利。

太阳渐渐偏西，小分队挥别三圣山。在送别的队列中，当数仙乃日最为多情，她在夕阳斜照下熠熠生辉，发出金子般的光芒。在那片金草离离的河滩上，她把自己的倩影投射到一条弯弯曲曲幽蓝见底的溪流里，那么瑰丽，那么神圣，阵阵涟漪中，又是那么迷离……十几只菜鸟蛰伏在草地上，为了用镜头捕捉仙乃日的水中娇容，他们把身子俯卧到最低，一个个屁股朝天，就像在对雪山行大拜礼。

落日西下，天空陡然变暗。但是，无论是

央迈勇，还是仙乃日，还是夏诺多吉，它们都在用自己高耸入云的山峰迎接夕阳的洗礼，给远道前来朝拜它们的小分队演绎了一场轰轰烈烈"日照金山"的辉煌壮丽！看过神山圣水的人有福了，那幅纯净之美的神圣画卷将永远镌刻在自己的生命史册里。

遇　险

在去往党岭的路上，仿佛是恶魔设了局，随着天色渐黑，车轮下的路面发生了剧变，"奔驰"像骑在美国西部野牛背上的牛仔，开始片刻不得安宁。而在车厢里的男女老少，不管愿意还是不愿意，通通被那个无形的恶魔按在里面享受"藏式松骨"。每个人的脑袋与车顶，胳膊与车身不停地发生激烈冲撞，臀部与座椅之间完全无法保持零距离，每个队员都像坐上了一张弹性超级好的蹦床，你方落下我蹦起，脑袋与车顶之间发出咚咚咚的响声。而在路面上，仿佛埋伏了成千上万的妖魔，它们不停地在车轮下跳舞，整个车身发出震耳欲聋的铿锵声，车厢里的人全部中了邪，在铿锵的乐声中与它们一起共舞。大伙儿陷入一阵错愕：这是怎么回事？难道这是通往世界末日之路吗？面对此情此景，芳大姐拼尽全力提高嗓门压过车厢的轰鸣，用历史经验进行安抚，告诉大家这不足为奇，曾有人在这条路上脑袋被车顶撞出了大包，还有人被"藏式松骨"松到了肩膀脱臼！所以，眼下这一情况实在算不得什么。于是，小分队努力从惊愕中镇定下来，迅速开始了韬光养晦。经过短暂的沉默，大家不得不承认，面对眼前的现实，既要在战略上藐视车轮下的小鬼，又要在战术上重视它们，既要经受住与狼共舞的煎熬，又要避免出现大包和脱臼。在这条通往党岭的山路上，只有小分队想不到的，没有这条路做不到的。

不久，车灯探测到绝壁脚下出现了塌方，石块和泥土横在山路中央，得意洋洋地望着"奔驰"。这辆贴着纸糊的"奔驰"标志的"奔驰"面包，没有足够的底盘高度跨越塌方，不得不在这条拦路虎面前败下阵来。于是，小分队全体总动员，人人上阵，实施了紧张的道路疏通工程。有的推石头，有的扒土堆，有的实地勘测地形，有的做科学评估。大家七手八脚一通忙乱后，又在一瞬间全体摇身一变成为临时交警，七嘴八舌开始了指挥空载的"奔驰"摇摇晃晃压着土路边沿闯过第一道险关。重新上车，大伙儿如释重负，重新开始藏式松骨。然而，队员们身上的毛毛汗还没有干，"奔驰"大灯又瞅见了一块巨石横亘在路中央，好像专门为迎接这支党岭粉丝队伍而来。没有办法，只好又停车，又是一通七手八脚，推石、踏勘、评估、交警、指挥，夹在绝壁与急流当中的"奔驰"此刻已彻底丧失奔驰的功能，像只蜗牛一样，小心翼翼地擦着临河的松软路基，一寸一寸地挪过被巨石占领了一半的山路。再次重新上车，再次开始新一轮藏式松骨，但是，每个人的座椅还没有坐热，一条五六米宽的水域横过三四米宽的路面，暮然进入视野，那是从绝壁上奔流而下的一股山洪。面对这一泓激流，大家着实愣了几十秒，黑暗中谁也看不清它的深浅底细。此时，早已怨声不绝于耳的司机，终于爆发了，他要求立刻结束党岭之行，并且坚称这是出于对大家的安全考虑。队员们无话可说，集体沉默。一直与党岭村村支书保持热线联系的总指挥芳大姐，每当遇到险情总是第一时间

立刻与党支书通报并求教,而党支书总是循循善诱,不断地鼓舞士气,那口气轻松得就像指引大伙儿行走在优美舒适的法国卢瓦尔河谷边一样。而所有队员都发现,这里不是盛产葡萄酒的卢瓦尔河谷,而是盛产令人毛骨悚然的绝壁、塌方、激流、巨石的魔鬼之路!这一次也不例外,在党支书的激情砥砺下,队员们再一次鱼贯下车,围在水边,投石试水,研究汛情。几番试探后,最终得出结论:"奔驰"底盘略高于水面3厘米,不妨一试。于是,勇敢的"奔驰"再一次劈波斩浪冲过急流,众队员几乎喜极而泣!还未待坐定,大灯又一次发现"敌情":一座两端用四条绳子悬挂在山石上的木桥,摇摇欲坠地吊在一条激流的上空,紧急刹住的车轮离它已经近在咫尺!这就是党支书指引的重要地标。从天刚擦黑他就告知木桥就在不远处,经过了三四个小时的跋涉,历经了千辛万苦,值此子夜更深之际,无比沧桑的木桥终于呈现。小分队本应该欢呼,越过木桥就是胜利!但是,

面对这座摇篮般晃晃悠悠的木桥,它能承载这辆骁勇无比的"奔驰"吗?还有7个人,超过1000斤!于是,一切重演,下车,勘测,评估,测试,一个个忙得满头大汗。月黑风高的川西高原,伸手不见五指,脚下的木桥究竟怎样,谁的心里也没有底,大家面面相觑,司机再次提出了抗议。恰在此时,手机里又传来党支书温柔的声音:"没事的,没事的,尽管放心走!"这声音如同夜空中的北斗,再一次为小分队指明了前进的方向。党岭在召唤,党支书在呼唤,桥那边有香喷喷的晚饭,还有暖洋洋的温泉!这座桥就是"柳暗花明"的最好注解,小分队岂能前功尽弃?!最最勇敢的共识往往产生在最最危难的时刻:小分队别无选择,前进!

于是,大家战战兢兢,跟随着芳大姐蹑手蹑脚地挪过木桥,桥下的激流即使在子夜的黑暗中也闪耀着愤怒的浪花和泡沫。而此前无论这辆"奔驰"多么让人伤心,但在这一刻,却让全体队员对它肃然起敬:它圆睁双眼,竭尽全力将灯光铺设在桥上,呵护着全体队员安全跨越过这座没有护栏的木桥,然后又义无反顾地驶向木桥,那情景着实像壮士赴死!当"奔驰"以时速8迈的雄姿慢慢驶过木桥,当它的后轮刚刚着地,小分队爆发了欢呼声!这欢呼在夜半三更的深山沟里响起,着实让魔鬼也毛骨悚然!

过了桥,大家迅速钻进"奔驰",在党支书一遍遍柔声呼唤下,队员们踌躇满志,已经做好了迎接党支书的拥抱与款待的心理准备,就像当年红军即将到达陕北。然而,没有想到的事情再一次发生了——离开木桥不足百米,道路倏然消失。车灯照耀下的路面犹如刚刚被耕牛深翻过的田野,一道道落差在两尺上下的

景观·远瀛观

沟壑与隆起，无情地横陈在面前，无论怎样加大油门，车轮都在原地打转儿，"奔驰"除了原地咆哮，再也不能前进半步。正当大伙儿进入极度错愕之际，远处却传来一阵隐隐的"突突"之声，那是车辆马达发出的声音！在这片险象环生的荒郊野外，突然听到这个声音，每个队员都以为自己的耳朵发生了问题。然而，这是真的，天使往往在最最意料不到的时刻来到人间！一辆中型农用车竟然像犁地的拖拉机一样，喷着滚滚的柴油烟雾，披荆斩棘一颠一颠地朝着小分队开来！所有的小分队队员，全体目瞪口呆，就像看见了外星飞行器慢慢降落在面前。队员们几乎不敢相信自己的眼睛，在这三更半夜，在这深山沟里，除了这支小分队，居然还有别的人类！没有悬念，一场他乡知遇的悲情相会不可避免地上演了，队员们如同看见了黎明的曙光，蜂拥而上团团围住农用车向司机打探前面的情况。然而，他们的回答把小分队彻底推向了绝望的深渊："前面的路比这里更烂，你们的车子根本走不过去！"心急如焚的芳大姐急忙问道："那你们的车怎么过来的呢？"对方得意之极："这个车子我们改装过，底盘离地面有差不多两尺半，专门在这个路上开啰！"芳大姐继续追问："从这里到党岭还有多远？"对方露出了悲天悯人表情，充满同情地说："还远得很哦，根本没有路哦，你们走到天亮也走不到哦。"顿时，小分队陷入集体无语。眼看已经无话可说，农用车司机猛踩油门，车身一震，喷出浓浓油烟，"突突突突"雄赳赳驶向黑暗。沉默中的凤大姐如梦方醒，突然冲着渐行渐远的那车高喊："前面有塌方——"。暗夜中传来他们的回音："莫的关系，我们搞惯啰——"。终于，农用车那独眼龙一样的尾灯，消失在一

片漆黑里。

全体队员兀立原地，面对此情此景，经过将近半小时会商，终于，一个悲壮的决议达成：党岭之行，到此为止。

于是，在众人七吆八喝的指挥声中，"奔驰"在原地艰难地掉过了头，全体队员沉默地钻进了车厢，沉默地踏上归途。上天保佑，小分队终于涉过险滩，冲出重围，熬过了又一轮藏式松骨，结束了怪石兀立的魔鬼之旅，在凌晨两点之际看见了一星灯火。车到跟前，发现竟是一座藏居！而最最神奇的是，这座藏居居然还可以留宿客人！哇呜——，苍天有眼！此藏居对于这支早已溃不成军的党岭粉丝队伍来说，不啻为沙漠绿洲，芳大姐当即决策：小分队就此宿营，终结梦魇般的党岭之行。恰在此时，党支书心急火燎地来电追问："你们走到哪里了？我给你们做的饭都热了三遍了！"大家面面相觑，每个人都被煎熬在党支书的盛情与真诚之中……

新版西游记 | 83

鉴于党岭之行给每一个队员带来的全新体验和人生考验，小分队一致决议：川西之行，也是一次"历险之旅"。

婚 礼

从藏居出发，下一个目的地是哪里？体察民情归来的尧大师和小蛛给大家带来一个令人振奋的好消息：此地将要举办一场藏汉联姻的婚礼！二位已经与主持人达成协议：他们出"活动"，我们出"媒体"，所有小分队员免费参与这场此生难得遇到第二次的盛大婚礼！

于是，小分队人人摩拳擦掌，对摄影器材进行了一次临战检视，做好了万无一失的准备。毕竟，大家代表了"来自首都北京的摄影团队"！每一个人都必须为荣誉而摄！为荣誉而拍！很快，每个队员进入临"拍"状态，在尧大师的统领下，迈着自信的步伐，爬上位于半山腰的婚礼所在地。

只见在新房前的一小片倾斜的坡地上，横七竖八地摆放了一些桌凳，几口铁锅在石块搭建的灶上冒着白烟，有人用棍子在锅里用力搅拌；还有人围在锅边整理一些食料，那是一些无法引人食欲的食料；桌子上摆放着一些花生瓜子和糖果，让人联想起汉地 20 世纪 70 年代的婚礼食品；更多的人成群成堆地散布在山腰各处，坐在野草和灌木铺就的地毯上，窃窃私语。每一位参加婚礼的藏族妇女身着盛装，乌黑粗大的发辫上箍着同样粗大的象牙环佩，还有硕大的红珊瑚和绿松石点缀其中。在她们以黑色为底的衣裙上，绣着无比鲜艳的图案，色彩的巨大反差带给视觉巨大的愉悦。只要小分队员的眼光与她们对视，她们马上就会羞涩地避开外来的目光。啊，这是多么的原始与纯净啊！这份原始和纯净陶醉了每一个小分队员。于是，小分队员摆出行家的姿态，一个个手握长枪短炮，以专业的形象，集体侵入了这场盛会，并且不断地享受着所有原住民投来的崇敬目光。

婚礼主持庄严而喜悦地宣布了这支"媒体"的莅临，全场响起掌声。为了不辜负婚礼方的期望，尧大师排兵布阵，将这支摄影"媒体"成员安排在各个不同的方位，以期获得各个不同角度的作品。芳大姐带领凤大姐登上新房的顶层平台，架设好俯拍的机位；尧大师带领小蛛踞守新房门外，捕抓新郎新娘欢聚的关键瞬间；小鱼和桃大姐则分设于新娘将要走来的小路两旁，留住婚礼序曲的重要片段。一切部署就绪，只待新娘到来。

突然，鞭炮响起，震耳欲聋，在那条新娘将至的小路上，蓦然腾起了滚滚浓烟，那是几条起码一万响的长鞭开始没完没了地炸响。待硝烟散尽，小路那头姗姗走来一支队伍，那是一支藏汉混编的队伍。队伍里的人大都拎着物件，都是厨房用品和床上用品，所有物品都诠释着婚姻的真谛——吃饭和睡觉。走在最前面的是几位衣着更加华丽光鲜的藏族妇女，应该是代表婆家迎娶汉族新娘的男方亲眷；之后紧跟着一位身着明黄艳丽藏袍的年轻女子，她被旁边另一位藏装少女搀扶前进。毫无疑问，那位年轻女子就是所有人翘首以盼的婚礼首席主角——千呼万唤始出来的新娘子！小鱼和桃大姐不负使命，一步跃上，抢在新娘跟前，抓住了新郎向新娘献酒的历史性瞬间；屋檐下的尧大师和小蛛、屋顶上的芳大姐和凤大姐，也齐刷刷用快门按下了这重要的一刻。

满载婚礼带来的喜悦和藏汉婚礼的信息，小分队告别主持人，婉拒了婚宴的邀请，一个个迅速净身撤离。无论是大师还是达人，无论是发烧友还是菜鸟，在这个婚礼上，都受到了哪怕是世界摄影家协会主席都难以受到的崇拜和敬意，这对于增强队员尤其是菜鸟们的自信，迅速提高行摄水平，实在大有裨益。此次婚礼之行增加了队员阅历，填补了文化空白，增进了汉藏友谊，拉近了京川距离，实在是一次"文化之旅"。

天 堂

从客栈出来，"奔驰"终于告别312国道，拐上了与来时康定到雅江完全不同的另一条路线。自"奔驰"拐上了另一条路，小分队便如同进入了一片如诗如画的梦幻桃源。神奇的光线，无垠的草原，弯弯的小溪，金黄的白杨，山峦连绵起伏，藏寨散落其间，牛羊安详吃草，川西高原脚下的平原风光宛如一朵睡莲，美丽绽放。随着朝阳冉冉升起，金黄的草原在阳光下波动着金浪，湛蓝的河流倒映着蓝天白云，丘陵律动着优美的线条，牛羊慵懒地悠游于草甸，藏寨炊烟袅袅，藏民忙忙碌碌，银色的河滩上红草丛丛，蓝色的溪流里牦牛争渡，好一派世外桃源的景象！这就是新都桥，这就是令人神往的光与影的世界，摄影家的天堂！这就是当年曾让尧大师沉醉，曾让尧大师与死神擦肩而过的勾魂草原！行摄至此，没有一个人还记得曾经的苦难，没有一个人还感到高原的晕眩，扑进眼睛和心灵的只有美景、美景，除了美景，还是美景……

当车轮还没停稳，车门已然洞开，就像海豹突击队袭击拉登一样，小分队员迅速而敏捷地各就各位扑向目标。连日来的辛劳与严酷实在太过干涸了心灵，面对眼前美景，海豹们一个个如同在牢房中压抑太久的壮汉，猛地遇见了美女，发生任何悲催的故事都不足为奇。只见海豹们举着各式长枪短炮，慌不择路地奔向草原，奔向河边，奔向藏寨，奔向牦牛，就像勇猛无畏的战士冲向战场一样。

然而，新都桥这位女神，显然早已见识过无数好色之徒，面对这支如狼似虎的海豹突击队，面不改色心不跳，从容淡定地沐浴着康巴草原的阳光，并且向这群登徒子投来含情脉脉的嫣然一笑。哇呜——，在新都桥的美貌面前，连三位大姐也骨酥腿软，走不动路，那滋味，比在5000米的高原还要瘫痪！

但是，越是走不动，越是要走，光线与美景的交织转瞬即逝，绝不能坐失良机！大家紧紧跟随尧大师，认真观摩学习。宽阔平静的大河对岸有一所孤独的藏寨，袅袅炊烟，一棵孤

树相伴，还有一匹小马，在河边孤独地吃草。如此静美的画面上哪里去找？大姐们如饥似渴，直把个快门按得瘫痪。远处，还有几座藏寨，一群藏女在屋前忙碌，她们的动作那么富有韵律，卷起的灰尘那么飘逸，把她们笼罩在一层半透明的轻纱里……河滩上，十几头壮硕的牦牛在

愉悦地吃草,凤大姐兴高采烈,一边深情呼唤"牦牛小姐",一边用相机给她们写真。通过写真实践,凤大姐发现"牦牛小姐"们长得十分甜美,不仅有长而浓的卷曲睫毛,更有一双柔情款款的大眼,直能把人瞅得心生邪念!步入新都桥美景,小蛛小鱼这些男子汉好似跌入了爱丽丝奇景,像两个梦游者一样,飘飘荡荡不知所踪;而桃大姐犹如一个饿汉,面对盛宴般的美景,竟不知从哪里下手;唯有芳大姐意志坚定,目标明确,沉着镇定地举枪、瞄准、按扳机,再举枪、再瞄准、再按扳机⋯⋯尧大师毕竟是大师,最懂得快门的寿命和大师应有的范儿,绝对不

会浪费快门。但凡一按快门,那就是一张作品!而菜鸟们,不断地按,不断地删,那是多么令人兴奋,充满快意!如果世界没有发明数码照相机,对于众菜鸟来说,简直就是世界末日!

惜别新都桥后,梦幻般的风景绵延不绝,美丽的塔公大草原上河流、草甸、森林、山丘、寺庙、藏房,在身边勾绘出浓郁的藏乡风情。远眺惠远寺,犹如一朵盛开的莲花,山脚下溪水叮咚,半山腰森林牧场与近处村舍农田深情呼应,为摄友们布设出最最给力的诗意构图。在大师、达人、发烧友、菜鸟们的相机一阵"嚓嚓"响过之后,队员们挥别惠远寺,冲向牦牛谷。

景观 · 远瀛观

　　站在高山之巅俯瞰牦牛谷，河谷间流水清澈明亮，植被郁郁葱葱，林海遮天蔽日，奇峰异石如林，沟壑纵横，陡岩飞瀑，海子瓦蓝，蒸气氤氲，正前方卡拉雪山骄傲地矗立在蓝天白云下，静静地守望着脚下的美丽。唉，面对此情此景，海豹突击队所有的海豹都濒临窒息！就连平日里最最从容不迫、最最不为所动的尧大师，也手忙脚乱地打开摄影包，拿出三脚架，捧起那部傲视群雄的哈苏相机，急急地走到山顶边沿，支好三脚架，然后拧上相机，然后用大炮筒一样的镜头仔细对焦，良久之后，再用快门线轻按快门；然后移动镜头，然后仔细对焦，良久之后，再用快门线轻按快门；然后移动镜头，……在N个"然后"之后，大师脸上浮现心满意足。而收拾脚架的芳大姐也明显红光满面，两眼放光，其收获之丰，可以想象。剩下几只菜鸟，忙前忙后，忙着彼此给对方在卡拉雪山面前留影，哪里还顾得用相机去捕捉雪山的颦笑，全部能耐都用来捕捉了自己的颦笑。

　　从高山之巅下到河谷深处，又是一个人间仙境！尽管牦牛沟地处海拔3000多米的高山峡谷，但是，队员们在草滩上一个个动作敏捷，如履平地，活生生应验了一个真理：美景是最好的兴奋剂！下到谷底，多愁善感的桃大姐真想坐在草甸上大哭一场！远方的老领导啊，你快来看看吧，这样的地方不看一眼，还不得后悔一辈子？家乡的父老乡亲啊，你们来听听吧，不听听雪山的呼吸，简直是白活一辈子！蹭掉伤感的眼泪，收拾起酸楚的心情，所有的哭诉都是废话，用镜头说话才是硬道理！于是，所有的大姐举着相机冲锋陷阵，一直冲到摄影的最前沿阵地，对着蓝天、对着白云、对着雪山、对着森林、对着溪水、对着草地、对着牦牛、对着所有能够对着的东西，狂拍一气！待大姐们鏖战结束，脸上挂着完胜的笑容从前线撤离，猛然发现，尧大师正带领着两个徒弟，一直在后方焦急地等待着大姐们从他们的镜头中撤离！

面对此山此水，怎能不油然而生爱国豪情！这是我们的祖国，这是我们的江山，这么雄伟瑰丽，能不热爱吗？！"江山如此多娇，引无数英雄竞折腰。"为什么会折腰？因为实在是美得让人情不自禁！爱江山，就是实实在在的爱国！这次川西之旅终于跨越到了最高境界，从"行摄之旅"升华到了"爱国之旅"。

会 师

7天过去，小分队满载惊险疲惫和美丽喜悦踏上归途。经过了犹如炼狱之旅的考验和洗礼，6位壮士平添了几分英武与刚毅。黧黑的脸膛和蓬乱的须发是男壮士的体征；满脸的沧桑和邋遢的衣着是女壮士的标识。是啊，那可不是吹牛的，有照片为证，壮士们把自己的脚踏上了5000米高度，这可不是一个人人都能抵达的高度！在那样一个高度，壮士们距离太阳更近，皮肤当然就会黧黑，壮士们饱受山风摧残，须发当然就会蓬乱，壮士们经历险恶太多，脸上当然布满沧桑，壮士们每天日夜兼程，衣着当然邋遢不堪。从高原回来的人，不再崇尚优雅，要的就是和高原一样的粗犷！从高原回来的人，不能容忍丑陋，要的就是和高原一样的纯美！然而，从高原下来，猛地回到拥挤的城市，壮士们差点儿窒息！

当飞机在成都双流机场轰然腾起的瞬间，

全体队员怀着复杂的心情，别了成都，别了川西，别了雪山，别了草地……

十九世纪法国伟大的浪漫主义画家德拉克洛瓦有句名言："没有极大的冒险，就没有美。"毫无疑问，这是一次摄行之旅，一次学习之旅，一次文化之旅，一次历险之旅，一次爱国之旅，一次收获之旅，无论什么旅，旅旅成功。拭去旅途的汗水与尘土，一支歌在心头久久萦回："稻城，有你能够想象到的一切，有你想象之外的一切。那里没有忧伤……那里没有痛苦……那里鸟语花香……那就是神仙居住的地方……"

（作者陶鹰系《景观》特约编辑）

2012年北京市园林绿化十件大事评选结果

1、北京启动百万亩造林工程

2012年1月31日，北京市政府召开专题会议，研究并原则通过了《关于实施平原地区百万亩造林工程的意见》。从2012年开始，北京市争取利用5年左右的时间，实现新增森林面积100万亩，平原地区森林覆盖率达到25%以上，净增10.32个百分点。力争用5年时间在平原地区新增100万亩森林。北京市委副书记、市长郭金龙主持会议。这次专题会议的召开标志着北京百万亩造林工程拉开了序幕。

2、北京公园"十大创新服务民生品牌"评选结果揭晓

2012年1月10日，北京公园"十大创新服务民生品牌"标牌颁发仪式举行。此次评选活动由北京市公园绿地协会、北京市公园管理中心共同主办。评选出的十大创新服务民生品牌有：天坛公园"智能化服务系统"、圆明园"清史书屋"、颐和园"游船GPS定位系统"、香山公园"游客紧急救助系统"、地坛公园"中医药文化养生园"、北海公园"便民出行温馨指路"、北京市西城区园林绿化局"园林植物条码化管理系统"、陶然亭公园"野草陶然文化讲堂"、景山公园"公园之友"、奥林匹克森林公园"国家全民健身示范基地"共10个品牌。

3、北京香山入选世界名山

2012年10月12日，第24届北京香山红叶文化节拉开帷幕，在开幕式上香山被授予世界名山称号。香山列入了美国雷尼尔雪山、韩国雪岳山、坦桑尼亚乞力马扎罗山等世界24座名山之中，也是中国继泰山、黄山、庐山、峨眉山之后的第5座入选世界名山的中国名山。

4、北京10万亩新城滨河森林公园建成开放

2012年底，北京市11座新城滨河森林公园基本建成，并免费对市民开放。11座公园占地总规模为10.7万亩，相当于10个奥林匹克森林公园，相当于在原城市森林基础上增加50%的面积，新城绿化覆盖率也提高5个百分点。每年实现碳汇6万吨。

5、第七届北京公园节盛大开幕

2012年8月18日，以"践行北京精神·弘扬公园文化"为主题的第七届北京公园节开幕

式在北海公园隆重举行。此次公园节于8月18日至9月30日在全市公园范围内开展一系列活动，为市民游客连续呈现一个月的公园文化盛宴。

6、"文化建园"论坛在京举行

2012年9月6日，"文化建园"论坛在京举办。此次论坛围绕"公园文化的特点和创新"，由中国公园协会、北京市公园管理中心、北京市公园绿地协会主办，全国园林（公园）协会（学会）的代表、协会会员单位及园林、规划专家在会上进行了深入探讨，为进一步挖掘名园文化、推动"公园文化"建设开拓思路，破解发展难题，使公园发展文化建设的成果更加惠及群众百姓，并出版了《景观·文化建园》论文集。

7、北京颐和园举行迎新年倒计时庆典

2012年12月31日晚，北京市在世界文化遗产——皇家园林颐和园举办了"2013北京迎新年倒计时暨北京高端旅游推广活动"，数千名热情的市民和外国游客参加了庆典活动。

8、北京市第十批精品公园名单公布

2012年12月17日，北京市第十批精品公园名单公布。经区县园林绿化部门初审推荐，专家和游人考察评议，朝阳区大望京公园，通州区大运河滨河森林公园，海淀区碧水风荷公园、温泉公园，西城区什刹海公园，昌平区南口公园，海淀区会城门公园，房山区塞纳园、朝曦公园，平谷区世纪广场公园等10个公园为北京市第十批精品公园。

9、天坛公园收回被占绿地1.3万平米

2012年12月18日，天坛公园管理处负责人宣布，北京市园林学校教学基地正式回归天坛怀抱，目前区域内正在进行规划设计，预计明年变身生态科普中心向游人开放。

10、北京市46家主要公园名单公布

2012年8月13日，北京市园林绿化局公布了北京市46家主要公园的名单。它们分别为：颐和园、天坛公园、北海公园、景山公园、中山公园、香山公园、北京植物园、北京动物园、紫竹院公园、陶然亭公园、玉渊潭公园、地坛公园、柳荫公园、皇城根遗址公园、菖蒲河公园、明城墙遗址公园、青年湖公园、劳动人民文化宫、龙潭公园、永定门公园、月坛公园、人定湖公园、宣武艺园、北京滨河公园、大观园、万寿公园、日坛公园、奥林匹克森林公园、朝阳公园、元大都土城遗址公园、海淀公园、圆明园遗址公园、莲花池公园、世界公园、世界花卉大观园、八大处公园、北京国际雕塑公园、石景山游乐园、西海子公园、顺义公园、昌平公园、康庄公园、世妇会纪念公园、奥林匹克健身园、夏都公园、江水泉公园。

2012年北京园林绿化十件大事评选活动获奖者名单

一等奖： 高 雅（0026） 史玉梅（2348）

二等奖： 缪 英（3761） 毛 毛（276X） 刘丽华（5272） 施志娟（8452） 袁晓楠（1170）
温 蕊（9028） 王志强（3014） 王丽辉（4228） 张思琦（0041） 夏 舫（0221）

三等奖： 胡克鹏（051X） 张素芳（0720） 齐 麟（0414） 张 悦（3638） 刘世亮（0937）
谢 丹（0928） 高 洁（3329） 王桂元（6318） 尹 莹（6022） 季 平（1649）
史国荣（1262） 赵 然（3021） 孟 玲（1568） 许卫明（1186） 魏 璞（1821）
范 磊（3612） 王义明（0713） 赵 静（7626） 张 月（0042） 赵永亮（0751）
王晓霞（0026） 安永旭（2912） 叶秀媛（0026） 徐淑萍（0321） 王明明（2826）
郑 悦（0014） 律俊峰（1037） 马丽华（0623） 阎民佳（2836） 安 然（3923）

请中奖者于2013年5月30日前（周一至周五上午9:00—下午4:00），由本人凭身份证原件或复印件到北京市公园绿地协会（北京市西城区西外大街143号）领取奖金。

联 系 人：王芳　朱杰

联系电话：88412859